传承国粹

尚武崇德

辛丑年书於西大

传统武术
奠基康勇人生

总主编　欧　健　邓晓鹏

本册主编　马　钊

西南师范大学出版社

国家一级出版社　全国百佳图书出版单位

图书在版编目（CIP）数据

传统武术奠基康勇人生/ 马钊主编. — 重庆：西
南师范大学出版社，2021.6
ISBN 978-7-5697-0761-8

Ⅰ.①传… Ⅱ.①马… Ⅲ.①武术 – 介绍 – 中国
Ⅳ.①G852

中国版本图书馆CIP数据核字（2021）第037820号

传统武术奠基康勇人生

CHUANTONG WUSHU DIANJI KANGYONG RENSHENG

本 册 主 编：马　钊

本册副主编：张　涛　黄　龙　王一波

责任编辑：龚明星

责任校对：万珊珊

装帧设计：熊　熊

排　　版：杨建华

出版发行：西南师范大学出版社

　　　　　地址：重庆市北碚区天生路2号

　　　　　邮编：400715

印　　刷：重庆五洲海斯特印务有限公司

幅面尺寸：185 mm×260 mm

印　　张：7.75

字　　数：198千字

版　　次：2021年6月第1版

印　　次：2021年6月第1次印刷

书　　号：ISBN 978-7-5697-0761-8

定　　价：20.00元

新高考改革,出发点就是让学生拥有自主选择、自我负责的学习权。此种导向要求中学进行育人方式的变革,为学生开设生涯教育的课程,给予学生人生规划的指导,引导学生认知自己,明确自己的兴趣、性格、优势、价值取向,让学生以此为基础认识外界,更好地为自己设立生涯目标,并根据已拥有的资源规划实现目标。"遇见最美的自己"——基于综合实践活动的生涯教育系列教材,正是西南大学附属中学先于国家政策试点,通过不懈的实践探索,收获的基于综合实践活动推进生涯教育的特色研究成果。

如何通过生涯规划课程的学习引导学生学会自主选择,这一重要议题为我国教育改革与发展开拓了一个新的领域。"遇见最美的自己"——基于综合实践活动的生涯教育系列教材,从实践的角度架构了基于综合实践活动的生涯教育的基本框架,为服务于学生生成发展的育人模式的构建、学校教育品质的提升和学校实践改革的推进提供了重要启示,研究具有开拓意义。

第一,该套教材的目标定位和内容选择,是以"助学生找到人生方向"为根本宗旨,贯穿初高中,培养个体人生规划意识与技能,指导学生学会学习、学会选择,在充分认识自我和理解社会的基础上,平衡个人发展和社会发展的需求,初步设计合理的人生发展路径,促进个体生涯发展活动,提升生涯素养。

第二,教材的设计与安排,坚守"学生是学习与发展的主体"这一根本理念,不仅初高中分阶段相互衔接,进行了一体化设计,更重要的是通过活动为学生搭建主动选择的平台,以研究性学习、社区服务、社会实践、研学旅行、设计制作、职业体验等综合实践活动为载体,引导学生在活动中明确人生奋斗目标并激发生涯学习动力,而不是简单地为学生提供品类繁多的"超市商品"让学生选择。

第三,学校还开发了《传统武术奠基康勇人生》《食育与健康生活》《生物实践与创意生活》《数学视角看生活经济》《水科技与可持续发展》《乡土地理和家国情怀》等配套教材，结合校内外的学习实践和生活实践，将基于综合实践活动的生涯教育理论渗透到学科课程中，为学生生涯发展提供重要教育平台和资源，弥补学生社会经历缺乏、生活经验不足、实践体验机会太少等生涯教育短板，促进生涯教育过程性和动态性发展。主体教材和辅助教材相辅相助，将生涯教育和综合实践活动有效融合，让学生在沉浸式的体验中感知自己、认知职业、畅想未来。

第四，教材贴近学生，语言平实生动，联系初高中生活学习实际，通俗易懂；图文并茂，既有趣味的活动设计，又有学生实践的光影记录，观之可亲。学生可从课堂内的探索活动、课堂外的校本实践中深刻体验生涯力量，还可在教师的引导下从活动链接中习得生涯领域的重要概念及理论，为未来的生涯发展做好积累。

总体而言，整套教材以综合实践活动为基础，融入学科课程和劳动教育，以提升学生生涯规划能力为目的，不断强化适合生涯发展的认知能力、合作能力、创新能力、职业能力，力图帮助学生适应并服务于社会，获得终身学习、终身幸福的能力。

教书育人在细微处，学生成长在实践中。本套教材的出版，将丰富生涯教育的承载形式，为中小学开展并落实基于综合实践活动的生涯教育提供可借鉴的案例，有效加强中学生生涯教育，促进学生全面发展、终身发展和个性发展。希望广大学生也可以像西大附中学生一样"在最适合的时候遇到最美的自己"，希望更多的学校像西大附中一样"为学生一生的生涯幸福奠基，让他们成长为自己满意的样子"。

（裴娣娜：北京师范大学资深教授，博士生导师，当代教育名家，中国课程与教学论领军人物，全国教学论专业委员会主任）

　　寒来暑往,西南大学附属中学在生涯教育这片热土上已躬耕二十余年。多年实践让我们相信,学校的课程、活动、校本教材都应回到问题的原点:什么是教育?

　　教育,是将自然人培养成社会人的过程,是帮助每一个孩子认识自己、发现自己,让他既能成长为自己心中最美的样子,又能符合国家、社会对人才的需求。

　　因此,我们希望实现这样一种生涯教育:让学生有智慧地参与综合实践活动,从活动中生发智慧;让学生有德性地参与综合实践活动,在活动中完善德性;让学生带着对美的追求参与到活动中,在活动中提升创造美的能力。一个拥有智慧与德性、能够欣赏美创造美的个体,定然能够在瞬息万变的世界里立定脚跟,也能够在喧喧嚷嚷中细心呵护一枝蔷薇。

　　秉持这样的理念,我们编写了"遇见最美的自己"——基于综合实践活动的生涯教育系列教材,着力帮助学生更好地适应未来不同阶段的身份、角色。希望学习此书的孩子们,不必因为不懂自己、不明环境、不会选择而错失遇见最美自己的机会。请打开这些书,热情地投入到探索活动中,感知自己的心跳起伏,喜恶悲欣;细细品读每个生涯故事,观察他人的生活,触碰更多可能;更要在校本实践中交流碰撞,磨砺成长 ……这些书将是孩子们生涯成长路上的小伙伴,陪在身旁,给予力量。希望大家从此学会学习,学会选择,学会生活。

　　基于综合实践活动的生涯教育是为幸福人生奠基的教育。我相信,当每一个个体恰如其分地成长为自己所喜欢的样子,拥有人生幸福的能力,就同样能为他人带来幸福,为社会创造福祉,为国家幸福而不断奋斗!

欧健

(欧健:教育博士,正高级教师,西南大学附属中学校长)

　　马钊出生于河南许昌的一个武术世家,自幼习武,勤学苦练,术道同修,研学并重,汇众家之所长,潜心修炼于缙云之巅,执鞭杏坛于嘉陵江畔。2010年,来西南大学附属中学(以下简称"西大附中")工作后,他便专注于学校武术教育的深化改革和教学实践,基于学生的兴趣和健康需要,着眼于学生体育素养及文化修养的培养提升,在不断尝试、反复总结的基础上,创新出了一条独具特色的中学武术教育路径。十余年来,西大附中的武术教育成绩显著,从武术大课间到课余武术训练,从武术教学比赛到重庆市乃至全国的各级武术竞赛,都能看到西大附中武术人的身影和获奖。与此同时,马钊也把自己的学生送入各大高等学府,有浙江大学、北京体育大学、上海体育学院、成都体育学院、湖南师范大学等,可谓桃李芬芳,欣欣向荣。

　　《传统武术奠基康勇人生》是马钊多年习武、研武的结晶,也是他对中国学校武术教育改革与实践的探索和反思。本书以生涯教育理论为指导,结合学校"为学生终身发展奠基"的教学理念,倡导对中学生进行系统的武术教育,培养他们的身体育意识,"武动生涯",从而让武术成为他们日常生活的一部分。武术的本质属性是技击,但它具备多样化的功能,这些在本书中均有体现,能够让中学生对武术有一个全面而又真实的了解,尤其对影视小说中的武林和真实存在的武术加以深刻认识。

　　《传统武术奠基康勇人生》作为一本中学武术教材,涉及的内容较丰富,文化方面涵盖武术与生活、武术起源与发展、武德与修为等话题,技法方面包括象形拳术、刀术、太极推手、擒拿及体育运动中常见损伤的预防。本教材从理论到技法、从拳术到器械、从套路到搏斗,全景式地向中学生展示了中华武术包含的主要内容和形式。

　　尤其需要提出的是,本书充分考虑了中学生的兴趣点,特别讨论了武术与影视、小说的交融,精心编排了虎、鹤、猴、蛇等象形拳术组合套路及其实战运用;同时,教材也期望能够提升中学生的防身自卫能力,专门安排了擒拿这一适合于中学生的防身技法。此外,体育锻炼当中的运动损伤在所难免,为了让大家了解和掌握一定的相关知识,教材在最后一章安排了运动损伤预防与治疗的基础知识和方法。

我国的学校武术教育改革已经走过几十年,但仍任重道远,不仅需要进一步完善教学体系和课程体系建设,更需要一大批像马钊这样深耕一线武术教学,潜心钻研适合于中学生的武术内容和教学方法的教师。期望《传统武术奠基康勇人生》能够起到一种示范和引领的作用,再次激起深化中学武术教育改革的涟漪。

（温佐惠,女,生于1952年,教授,硕士研究生导师,成都体育学院学术带头人。原成都体育学院武术系主任。中国武术九段、国际 A 级武术裁判。现担任中国武术协会裁判委员会副主任、中国体育科学学会武术分会常委、国家体育总局武术研究院专家委员会委员。）

国术乃民国时期对武术的一种尊称,是注重内外兼修的中国传统体育项目,更是中华文明历史长河中的瑰丽明珠。武术除了具有强身健体、防身自卫的本质功能外,在对人意志品质培养以及道德教育方面也发挥着重要的作用。在新时代背景下,国家大力推动"武术进校园"项目。教育部体育卫生与艺术教育司司长王登峰强调:"学校体育(包括武术教育)要实现的"增强学生体质,提高运动技能,塑造健全人格"三大目标,是国运昌盛、国脉传承的基础。"以学校武术教育助力国脉传承,在中小学里开设武术课程,以期让更多的青少年学生了解国术文化,习得武术技能,达到"文明其精神,野蛮其体魄"的综合育人功效。

《传统武术奠基康勇人生》以基于生涯教育的综合实践课程为基础,试图从多角度、多维度介绍中国武术,为中学开展武术课程教学提供理论和实践的指导。本教材主要受众人群为中学生,计划为18学时,教材的语言生动简洁,通俗易懂,并且在理论方面增设了武侠电影、武侠小说、武德故事等有趣的章节,能够激发学生的阅读兴趣。本教材涵盖的内容广泛,不仅有理论的讲解,还有武术拳械套路、中学生防身术的详细教学,套路动作加以技击运用的解析,可谓独树一帜。教材还编写了常见的运动损伤和防治手段的内容,对学生如何安全地锻炼身体进行了指导和知识普及。该教材图文、声像并茂,尤其通过示范视频,提高直观性、理解力,从而助力学练的实效性。

教材以生涯教育理论为指导,以综合实践活动为主线,主要分为六个部分。第一部分为武术运动概论,以学习背景和武术理论为主要内容,介绍体育(武术)与生涯教育的关系、武术的历史、影视武术、武侠小说的发展以及武德武礼;第二部分和第三部分分别以象形拳术和刀术为主,且两者内容体系基本一致,均讲解了各自项目概述、基本技法、完整套路解析和技法运用。其中象形拳的套路编排灵感来自动画电影《功夫熊猫》中"盖世五侠"——虎、鹤、猴、螳螂、蛇这五种动物的形象,整个套路新颖独特,却不失武术的攻防技击性;第四部分以太极拳为主要教学内容,专门讲解了太极拳当中的对抗项目——太极推手的训练方法、技法运用以及推手游戏;第五部分以中学生自卫防身术为主题,介绍了擒拿的拿法与脱法,具有很高的

1

实用价值;第六部分对常见的一些运动损伤和防治的手段进行了介绍。各章节都设有"且行且思"的实践活动安排,通过实践活动,使学生的学习能力、思考能力、社交能力、运动能力、动手能力得到有效提高。

教材在注重技能传授、综合育人的同时,尤为重视中华优秀传统文化的传承,该教材的出版不仅为校园武术课程的有效实施提供了重要依据,而且也推动了国家提出的中华优秀传统文化"三进"活动的开展。

学校体育改革仍任重道远,路虽远,无为则不至。不断发掘传统文化中的精华,融入时代元素,探索"怎样培养人",正确引导学生价值观养成,是每一位教育工作者需要思考的。希望此书能够带给学生不一样的体验和认识,让更多的学生喜爱中国武术、弘扬中华武术、传承中华武术,让更多的学生因学习武术而体魄强健、意志坚强、热爱祖国、勇于担当。

于素梅

（于素梅:教育学博士,研究员,博士生导师。中国教育科学研究院体育卫生艺术教育研究所副所长;北京师范大学认知神经科学与学习研究所博士后;《中国学校体育》杂志编委会副主任;《义务教育体育与健康课程标准》修订专家组成员;国家健康科普专家库第一批成员。）

目 录

第一章 武术运动概论

第一节 武术与生活

从"一个人的奥林匹克"到"百年奥运梦想成真",从"体育弱国"到"体育大国"再到"体育强国",历史昭示我们,体育从来与国运相连。在民族体质日趋轻细的旧中国,毛泽东提出:"欲文明其精神,先自野蛮其体魄"。中华人民共和国成立后,他又提出了著名的"发展体育运动,增强人民体质"的口号。新时代,习近平总书记强调"体育承载着国家强盛、民族振兴的梦想。体育强则中国强,国运兴则体育兴。要把发展体育工作摆上重要日程,精心谋划,狠抓落实,不断开创我国体育事业发展新局面,加快把我国建设成为体育强国"。于国来说,体育的重要意义不言而喻。

作为我国顶级学府的清华大学,早些年就提出"无体育,不清华"的教育理念;曾经,包括武汉大学在内的30余所高校公布的自主招生简章,全部加测体育;体育测试已被列入中考,未来体育有望被纳入高考。在新高考背景下,国家对学生综合素质的全面发展更加重视,体育的发展于校来讲也意义非凡。

体育不单单是松筋动骨的表面活动,在体育运动中培养无价的体育精神,这也是教育的重要组成部分。"更高、更快、更强"的奥林匹克精神激励着一代又一代的人们不断拼搏进取,体育精神亦是一种生活态度,告诉我们成功的背后一定是千万次努力的付出。树立终身体育观念,让体育成为生活日常,体育亦会在你成长路上化为无形力量,助你前行。

一、武动生涯

(一)高中生涯教育

生涯教育即运用系统方法,指导学生增强对自我和人生发展的认识与理解,促进学生在成长过程中学会选择、主动适应变化和开展生涯规划的发展性教育活动。[1]20世纪70年代,美国由于学校教育与现实社会、就业市场的脱节,出现了大规模的结构性失业和退学。为了解决这一问题,1971年美国教育署署长马兰博士正式提出"生涯教育"的理念,推动学校教育改革,以适应社会的快速发展。

2014年12月,教育部发布了《关于普通高中学业水平考试的实施意见》和《关于加强和改进普通高中学生综合素质评价的意见》两项政策,明确提出"全科覆盖""分类考察""不分文理""两次机会""严格公示"等措施。同年,浙江、上海启动第一批高考综合改革试点。2017年,第二批高考综合改革试点启动。2018年,河北、辽宁、江苏、福建、湖

---

[1]《上海市教育委员会关于加强中小学生涯教育的指导意见》沪教委德〔2018〕8号

北、湖南、广东、重庆8省(直辖市)启动第三批高考综合改革。重庆积极借鉴第一批、第二批高考综合改革试点省份的成功经验,从2018年秋季入学的普通高中一年级学生开始实行"3+1+2"选考模式。在新高考背景下,高中生涯规划教育势在必行。指导和帮助高中生做生涯规划,就是要帮助学生认识自我,协助学生找到自我,并教会学生做好人生规划。

(二)体育与生涯

高中学科教学除依据教学大纲和考试大纲向学生传授知识与技能之外,同时也要兼顾学生的能力、素质、兴趣以及今后的职业发展的需要,以学生为主体,激发他们的学习兴趣,培养学生学科特长,帮助学生树立远大目标。同时,学科教学需要融合生涯教育领域内容,使学生除了对学科知识有所掌握外,还能够对专业知识、职业发展以及未来人生选择有所认识和思考。

体育教学作为学校教育的重要组成部分,能够通过体育精神养成、终身体育观培养、野蛮体魄等途径为学生提供终身发展所需的内外支撑,以达知己、致远的目的。在新时期,体育教学应该在注重培养学生体育核心素养的同时助力学生生涯发展。通过多视角体育认知、多维度教学手段,强化学生的综合认知和应用能力,培养其对学习、创意和创新的好奇,发展明辨性思考、协作和解难能力。

随着现代科学技术发展以及信息技术的广泛应用,各学科之间也在相互渗透、融合。体育已发展为多学科交叉融合的综合学科。除本身固有的属性——强身健体外,其外延已拓展到生产生活的各个领域,运动人体科学、体育产业发展、智能穿戴设备以及体育大数据应用等多面开花,从不同角度让学生了解现代体育的发展,引导学生积极探索,不断求知,更新传统体育认知观念。通过体育拓展、体育竞赛培养学生未来工作所需具备的责任意识、团队理念和进取精神,重视学生终身体育观念培养以及体育精神养成,充分发挥体育能动作用,更好地发挥体育在个人成长过程中的内在动力支撑作用,为学生终身发展保驾护航。

(三)武术教学与生涯教育

中华武术作为弘扬和传承中国传统文化的重要途径,历经上千年的发展形成了一种内容极其丰富、形式多种多样、门类众多且极具中国传统哲学坚实思想基础的武术文化。[1]在学校体育教育中,武术教学无论从形式内容还是思想文化上,都具有其独特性。

武术强调重武尚德,其本质核心为"义",即体现整体社会诉求,既要有保国护家之心,也要有爱人爱己之心。在教学与训练中,在日常交往中,均应将其融入其中。通过武术学习不仅可以强身健体,而且在遇到突发情况时可以保护自己甚至他人。

在力量训练上,刚柔并济,运用不同的发力方法可以达到不同的练习功效。武术本主动,但它在主观精神上则要求术者"沉静""自然"。武术训练,就是要使习练

①鲍振艳.弘扬武术文化 培育民族精神[D].济南:山东师范大学,2006.

者具有冷静的头脑、细微的心思和精确的动作。在看似粗犷的动作中,必须精心细作方能正确完成,既可培养人的宏观观察能力,又可培养出人的细致周到的工作作风。武术乃技击之术,要求学习者具有顽强不屈的竞争精神,同时也要吃得了苦,经得起挫折,这些意志品质、基本精神和素质的培养对青少年尤为重要。

武术的训练与应用已远远超出了体育运动的局限,我们要把它提高到武术教育的高度来认识,尤其是对于青少年,应作为一项不可或缺的重要的教育内容来抓。

二、终身体育观

(一)终身体育

终身体育是指一个人终身进行体育锻炼和接受体育教育,它是随着终身教育理论的兴起而发展起来的。[①]不同年龄阶段均可以从事适宜的体育运动,从而实现相应且明确的体育锻炼目标,能够对个体终身发展起到一定的辅助作用。意识决定行动,体育意识能够影响体育锻炼行为和效果,同时有效的体育锻炼又能够促进体育意识的养成。终身体育观就是培养个体一生进行体育锻炼的意识,同时掌握正确的体育锻炼方法和手段。

(二)终身体育与学校体育

中小学阶段是一般个体系统学习体育知识和技能的重要阶段,也是个体生长发育的关键时期,科学有效的体育锻炼和学习不仅能够有效促进学生身心健康发展,而且可以帮助学生掌握正确的体育运动技术学习方法,有助于培养学生终身体育意识。兴趣是最好的老师,学校体育教学应该注意激发学生运动兴趣,提供良好的体育运动氛围,培养学生运动习惯,使学生主动积极参加体育锻炼,形成"我要去运动"的意识。

1.野蛮体魄

青少年时期是个体身体生长发育的重要阶段。这一时期应该重视身体锻炼,加强跑、跳、投等各项基础技能和基本技术练习,发展身体力量、速度、耐力、协调等各方面基础素质。"凡事预则立,不预则废",打好基础,放眼未来,从现在做起。

2.学技能,讲方法,重行动

掌握一定的体育知识和技能是进行科学锻炼的有效途径。这样不仅可以增强体质,而且具有长远影响。但是,由于不同年龄段身心发展状况的差异,锻炼身体的目标、内容和方法也相应有所不同。这就需要培养自我学习、自我锻炼、自我评价的能力,以适应不断变化的情况,从而取得预期的锻炼效果。

---

①陈茂军,金昌钦.从终身体育谈学校体育改革[J].浙江体育科学,1988(Z1):55-58.

3.培养兴趣习惯

兴趣和爱好是积极参加体育活动的驱动力。高中学生由于对体育锻炼的目的性更明确,间接兴趣逐步成为主要倾向,即对体育活动的结果产生兴趣。如认识到参加耐久跑能改善心血管系统的功能,虽然跑起来感到又苦又累,但仍然能坚持参加长跑。高中阶段要在提高认识的基础上,努力培养间接兴趣和爱好,并且逐步养成锻炼身体的习惯。

4.培养自我体育意识

要做到终身体育,关键是培养自我体育意识。就是自己在思想、情感、行为、个性以及有关体育的社会交往和合作等各方面的认知、感觉、评价和调控等心理过程。"自我体育意识"是终身体育的核心,只有树立起自我体育意识,才能积极自觉地参加体育锻炼和实现终身体育的目标。

且行且思 ❓❓

现阶段自己的运动行为以及状态进行评估,进而为自己制订一份长远的体育运动规划,相信它可以帮你找到另一个自己。

目前我的体育运动状态是＿＿＿＿＿＿＿＿＿＿＿＿＿＿＿＿＿。

目前经常从事的体育运动是＿＿＿＿＿＿,每周从事体育锻炼的次数是＿＿＿＿＿＿。

目前每次从事体育锻炼的时间是＿＿＿＿,目前每次从事体育锻炼的强度是＿＿＿＿＿。

目前体育对我的意义或作用是＿＿＿＿＿＿＿＿＿＿＿＿＿＿＿＿＿＿＿

＿＿＿＿＿＿＿＿＿＿＿＿＿＿＿＿＿＿＿＿＿＿＿＿＿＿＿＿＿＿＿＿。

高中阶段或未来我想要达到的运动状态是＿＿＿＿＿＿＿＿＿＿＿＿＿。

体育生涯规划表

序号	时间(阶段)	意向或正在从事的运动项目	选择理由	是否会坚持该项运动?为什么?	预期目标
1					
2					
3					
4					
...					

第二节　武术史简述

几千年来,在物竞天择、适者生存的自然和社会环境中,武术能滋生繁衍、常青不衰有其自身的存在价值。它不仅是一个技艺形式,还是一种文化现象,是经过不同历史时期凝聚而成的一种中国独有的优秀传统文化。

一、原始时期武术的源头追溯

中国武术依托中华民族传统文化的孕育与发展,其文化形态在追溯源头的过程中,包含了自人类文明起始以来的各个阶段。当代人对武术之所以有清晰的概念延伸与文化解读,这并不是偶然现象,是武术发展中的一种历史性必然结果。因此,追溯武术的源头,有利于我们更直观、理性地认识武术的本质属性。

(一)"人与兽斗"——武术技击的原始萌芽

从一百多万年前中国猿人的出现,经历了传说中的黄帝、炎帝、唐尧、虞舜到夏代的建立,是中国社会的原始时期。在漫长的原始社会,武术伴随人类文明的出现,基于动物本能的身体技术,也逐渐开始萌生和发展。基于此,在追溯武术发展的源头时,原始社会时期的人类行为表象,可以直接反映武术的本质状态。

武术在某种意义上而言,是人们对"打""杀"的技术的演绎化理解。正是因为技击性的存在,原始时期才能成为对武术萌芽及发展追溯的源头。在原始时期,人类对自然资源的使用有了相对成熟的智慧控制,人类为了能够获得生存机会,与野兽的生存竞争成了必要的历史动向。因此"人与兽"的严酷争斗环境,为武术的技击行为奠定了有力的萌芽基础。

武术技击形态主要分为徒手搏斗和器械运用。首先,在当时的人类与野兽的斗争中,身体运动技能逐渐形成奔跑、跳跃、躲闪、翻滚、拳打、脚踢等基本形态,这些基本动作大多来自人类作为生物体的本能反应,依靠着反应的敏捷性达到战胜野兽的目的。其次,随着石器时代的到来,大量考古证据表明人类已经具备使用工具的能力,因此在打斗过程中,器械的使用成为人类在生存竞争中战胜野兽的智慧体现。随着"北京猿人"的出土,大量遗迹考古发现"石锤""石刀""骨刀"等原始石器[1]。虽然使用工具结构极为简单,但是在技击发展过程中,完成了对武术技击能力的历史进化。

徒手搏斗和器械的使用都是武术技击的历史雏形,是人类对自然资源的使用和在自然环境中生存的需要。在极其原始的搏斗中积累经验,伴随着击刺、劈砍、拨挡等攻防动作的形成,人类逐渐产生自觉运用这些技巧的观念。基于此,技击技巧便成为武术概念上的意识萌芽,形成武术历史溯源的主要依据。

---

①邱丕相.中国武术史[M].北京:高等教育出版社,2008:9-11.

(二)"人类战争"——武术技击的系统运用

在原始人类的生存竞争中,随着对资源的争夺,人类之间的斗争是与野兽争斗相并存的。在原始社会的氏族之间,稍具规模的部落战争逐渐形成,体现为一种有组织的战斗形式,因此,加速了原始武术的军事化形成。以氏族或部落为单位出现的战斗形式,虽然还不完全具备现代军事概念上的军队管理,但是原始人类为熟悉、组织战斗技术的学习,形成了一种统一的训练内容,此种形式被称之为"战舞"或"武舞"。[①]到了商周时期,武舞出现了行为分化,舞蹈的艺术性逐渐走进人们的视野,此时的武舞在思想表达和娱乐性方面稍微突出。据相关史料记载,在战场上通过武舞获胜的案例非常多,就是通过集体形式的呐喊,整齐系统的挥舞武器冲锋,以凶悍的气势、绝巧的实战击退敌人。基于此,人类战争的出现,升华了人类对抗技击的系统表现,出现了一种主动的、有目的性的武术技击意识形态。

二、古代武术的本质探索

中国的古代历史,蕴含着众多中华民族传统文化的发展脉络。武术为中国传统优秀文化的独特代表,在经历朝代更迭的漫长过程中,对武术的本质理解需要非常重要的历史依据。"武"之所以能成为"武术",正是每一时期的人们在文化积累和社会发展中,所凝聚而成的对"打"的主观理解。因此,在历史学观念下解读武术,实际上是试图追寻中华民族传统文化中的血脉依据。

(一)春秋战国的武术体系

春秋战国相比原始时期,其生产力极大提高,经济空前发展;文化学术繁荣,奠定了中国传统文化的基础;战争频繁,极大地促进了社会尚武之风。在文化学视角下审视这一时期的武术发展,对武术社会功能、武术技术、武术意识三个方面有着非常重要的促进作用,使之形成独具特色的武术文化体系。

首先,春秋战国时期的社会化发展使国家和城邦的概念相对成熟,因为战争需要,武术技术也有很大的演变。但更重要的是,武术的表演性、娱乐性、竞技性、健身性等促进武术丰富的社会功能的构建。此外,武术从军事战场到竞技赛场上的功能转移,跟春秋战国时期冶炼制剑的技术有很大关系。当时的剑从器型上看精美绝伦,1965年考古出土的"越王勾践剑",历经二千余年仍光华灿烂、锋利无比,也可说明剑是当时制剑技术的巅峰体现。而且,《史记》记载魏丞相好武,下令文武百官均应配剑[②]。因此,佩剑、斗剑之风便在这一时期流行。斗剑使练武与娱乐相结合,既增加了习武的机会,又提高了武术竞技的兴趣,促进武术向着多功能的社会技艺发展。

①邱丕相.中国武术史[M].北京:高等教育出版社,2008:16-17.

②邱丕相.中国武术史[M].北京:高等教育出版社,2008:28-29.

其次,这一时期战斗方式从以车战为主发展至以步骑为主,武术在军事阵战和日常武艺方面有了稍微明显的技术分流。最初的武艺,主要是以个人习练为基本特征,在个人主观意识的主导下,武术技艺的复发性和多样性也随之产生。特别是春秋时期的"文武分途",可以凭借武艺本领立足的武艺精习,使民间武术在技术上更为多样化,并更趋成熟。

最后,春秋战国时期自觉性武术意识的出现及武术理论的初步形成,是构建武术体系的主要依据。所谓自觉性武术意识,主要表现为武术竞技意识、武术伦理意识及武术理论认识等方面。据有关学者考证,中国历史上最早的武术理论是剑术理论,记载"越女论剑":"凡手战之道,内实精神,外示安仪,见之似好妇,夺之似惧虎。布形候气,与神俱往,杳之若日,偏如腾兔,追形逐影,光若仿佛,呼吸往来,不及法禁,纵横逆顺,直复不闻。"《庄子·说剑》中也有一段谈到"夫为剑者,示之以虚,开之以利,后之以发,先之以至。"[①]这段剑术理论较为完成地概括了武术在攻防含义、战术安排上的技击方法。基于此,春秋战国时期,在武术实践推动下,武术理论开始出现并逐步得到发展,且成为中国武术体系初步形成的重要标志。

(二)秦汉时期的军事武艺

武术在古代的发展历史中,与朝代的兴盛程度有着非常密切的必然关联。在秦汉时期,随着秦王朝的建立,秦始皇采取了一系列措施来维护国家的统一和专制皇权,命天下收缴兵器,在民间禁武。但对"角抵戏"的推广,又着重促进武术向娱乐性发展。而汉代,由于国力的繁荣鼎盛,成为我国封建社会中一个辉煌的时代。匈奴虽然成为汉代主要的军事威胁,但国家强大的经济基础,促使军事发展由以步兵为主的军事配备,转变为以人马结合的骑兵为主。

由于战争的需要,剑在汉代逐渐退出军事与战争舞台。原因在于剑身薄而轻,容易折断,不适宜大力砍杀,面对身着坚盔重甲的敌人,剑的威力受到了极大的限制。特别是在骑兵出现以后,主要的攻击技术手段由直刺变为砍杀,"直兵推之"的剑,便不再适合实战的要求,而逐渐被西汉时业已出现的厚重坚利的"环首刀"所替代。到了三国时期,刀成了当时军队装备的短兵器中最主要的武器。

(三)隋唐时期的武举制度

隋唐在众多历史学家眼中,无论是社会发展或多民族统一方面,都是一个承上启下的转折时期。虽然隋朝是一个短暂的王朝,但是进入了国家多民族统一的鼎盛繁荣时期。到唐朝时,文化相对开放,中外交流频繁,特别是农业、手工业、商业和城市的发展,为唐朝的政治、经济和文化提供了坚实的物质基础。

相比而言,唐朝的政治相对稳定,经济较为发达。就武术而言,为了巩固政治的持续稳定,唐代所设置的武举制度具有划时代的意义。唐太宗时期完善府兵制

---

①邱丕相.中国武术史[M].北京:高等教育出版社,2008:35.

后,折冲府作为府兵制的基层组织,平时的主要任务便是训练士兵,府兵兵士从农民中征点。这一举措使兵源、武器装备、习武活动扩展到了整个国家的基层。另外,士兵的训练和考核制度,又必然加强整个社会对习武活动和武艺的重视。

隋唐正式的武举制是在武则天时期(公元702年)建立。武举考试的主要内容:射长垛、马射、筒射、步射、马枪、穿札、翘关、负重、材貌、言语等。隋唐创武举制度,在中国武术史上是一件大事。武举内容的确立,实际上是对武术精练化、规范化研究发展的结果。另外,武举制度利用武技选拔人才的方式,确实为很多人提供了一条当官入仕的途径,能够激励更多的人投身于武术训练,对武术发展产生很大的推动作用。

(四)宋元时期的民间武艺繁荣

在宋朝统治的319年中,与辽、金、西夏少数民族政权长期对峙,民族矛盾、阶级矛盾十分尖锐。这一时期由于战争频繁,统治者十分重视武备。宋朝的军队颁布并实施募兵制,沿袭唐朝的武举制度选拔武艺人才。然而,两宋时期商业的繁荣、市民阶层的壮大,促进了城市文化的发展。"勾栏"和"瓦舍"的出现,成了在市井之中满足人们娱乐需求的群众性游艺场所,其中,多有"打套子""打擂台"等武艺形式的表演。

两宋时期民间产生大量武艺结社组织,根据发展地域的不同,主要分为农村和城市两种武艺结社组织,构成当时武术发展的一大特点。以乡村为基础的武艺结社组织,如河北的"弓箭社",主要由民间自发组织,以弓弩、刀、枪等冷兵器为主进行军事技能训练,这些器械也是当时结社组织的主要装备,都具有较强的军事性质。农村武艺结社组织的出现,在推动我国民间武术发展上发挥了很大的作用。

以城市为基础的武艺结社组织,如争交的"角抵社""相扑社"等,射弩的"锦标社""川弩社"等,使棒的"英略社"等。这些结社活动多在勾栏、瓦舍、庙台、教场等开阔的地方举行。城市结社组织的活动特色是以表演、娱乐为主,与当时北方农村以习武御敌为目的而组成的"弓箭社"等完全不同。

(五)明清时期的武学思想转变

朱元璋于公元1368年建立了明朝,在北方战乱和倭寇入侵等重要军事问题的影响下,朱元璋为加强军事训练的实效性,提倡文武同途,大建学校,培养文武兼备的军事将领。因此,在文化知识的积淀下,明代大批的军事将领把武术技艺、武术涵养进行汇编,出现非常多的武术名著和军事名著,如唐顺之的《武编》、俞大猷的《正气堂集》、戚继光的《纪效新书》《练兵实纪》等。正是在这一背景下,武术由行为实践上升为理论与实践相结合的武术思想。不仅如此,明代武术分门别类形成了诸多风格迥异的派别,最知名的流派或门派就是少林武术,少林寺棍法之绝妙,在战杀倭寇时的贡献巨大。

在清朝前期几乎不配火器,鸦片战争以后,清军火器装备日渐增多。光绪二十七年(公元1901年),清朝廷宣布废止为选拔军事人才而设的武举制。至此,武术总体上退出了军事技术范畴。脱离了军阵格杀领域的武术,不再受战阵列队的制约,也不再受单纯技击目的的约束。武术强身保健、修身养性、审美娱乐等多种功能,与其自卫防身功能一样受到人们的重视,在多渠道下拓宽武术发展的民间领域。清末,一些王公贵族和八旗子弟,以武术为闲暇活动的主要内容之一。清同治初年,杨露禅受荐至京师任旗营武术教师,他为了适应清朝"玉体不动"的显贵达官和体弱年迈者的保健锻炼需要,扩大传习范围,删改陈式太极拳老架中的发劲、跳跃和难度较高的动作,创编成简单易行的杨式太极拳。设教肃王府的董海川,强调"百练走为先",以八卦转掌的单式走圈作为练功手段,利用步式导引法的简单易学特性,使八卦掌很快传遍京城。基于此,以健身为习武主旨的趋势化发展,标志着武术加速了体育化进程,开辟了武术在体育领域广泛发展的前景。

三、近现代武术的体育思潮

随着西方列强的入侵,文化首先成为多元复合的交流存在。在近现代武术的整体发展中,西方的体育思想使武术进入现代化有了直接的转变依据,而至中华人民共和国成立,武术基本形成了当代武术发展的模式和文化形态。

(一)民国时期

民国时期的近代教育逐步发展,各级各类学校陆续建立,武术的社会存在形式受西方思潮的影响发生了重大转变。1911年马良邀集一些武术名家,发起编辑武术教材,并将此教材定名为《中华新武术》,在全国中小学及高等以上各学校进行推广和实施。1909年,霍元甲应友人邀请,旅居上海,创办"精武体操学校",后改名为"精武体育会"。1931年"九一八"事变之后,上海等地精武会积极从事抗日,引起了侵华日军的仇视,将精武总会会所捣毁。直到抗战胜利后,精武会在上海重建。在此期间,武术所承载的中华传统文化特性逐渐得到人们的重视,武术被称为"国术"。1928年,成立南京中央国术馆,张之江任馆长。在这一时期,全国各个省、市、县通设国术馆,武术组织几乎遍布全国所有省、市、县。

1923年4月,马良、唐豪和许禹生等在上海联合发起举办中华全国武术运动大会。这是中国体育史和武术史上的第一次武术单项运动会。1924年举行的民国第三届全运会,首次列武术套路为表演项目。1928年由国民政府中央国术馆举行"国术国考",进行武术对抗赛。1936年德国柏林主办第十一届奥运会,邀请由张文广、温敬铭、郑怀贤、寇运兴、金石生、张尔鼎、翟涟源、傅淑云、刘玉华等11人表演团,从上海启程赴柏林进行武术表演。

基于此,在中国传统文化孕育下形成发展起来的中国武术,又在与西方运动项目并肩前进的过程中,开始借鉴西方运动竞赛形式来发展武术的考试方法和竞赛制度,吸收作为西方体育运动基础学科的生理学、解剖学、心理学、力学等,来解释武术的科学性和技法特点。

(二)中华人民共和国的武术

中华人民共和国的成立,为全国人民参加体育运动奠定了基础,开辟了广阔的天地。1949年10月由政务院批准筹备成立中华全国体育总会。1952年6月10日,中央人民政府主席毛泽东为中华全国体育总会第二届代表大会题词"发展体育运动,增强人民体质",给我国的体育发展指明了方向。1952年国家体育运动委员会(简称"国家体委")成立后,把武术列为推广项目,并设置了民族形式体育研究会,根据"取其精华、去其糟粕,百花齐放、推陈出新"的方针,负责对武术等民族形式体育的挖掘、整理、继承和推广工作。1957年起,一些体育学院和师范学院体育系把武术列入了教学课程。

中华人民共和国成立后,武术作为民族传统体育的一部分,受到党和政府的重视。1958年9月,在北京成立了中国武术协会,主席李梦华,副主席王子平,秘书毛柏浩,委员31人。中国武术协会的成立,从组织上保证了武术运动的开展。1961年,武术被列入同年编订出版的《全国大、中、小学体育教学大纲》,使学校的武术教育机制进入正常的轨道。

1959年,国家体委正式批准施行中华人民共和国成立以来第一个《武术竞赛规则》。在1987年第六届全国运动会上,武术被正式列为全运会比赛项目,设金牌16块。为适应武术运动的发展和竞赛工作的需要,1989年国家体委将全国武术比赛改为全国武术锦标赛,并采取了一系列的改革措施,为运动员提供了较多的竞争机会,也强化了公平竞争的机制,促进了武术套路训练和技术水平的提高。

不仅如此,以国家层面引导的武术挖掘、民间拳家、学术研讨、国际交流等一系列活动也相继广泛开展。在1974年,美国总统尼克松在白宫前接见了武术代表团全体成员并观看了武术表演,同年,应日本邀请,中国少年武术代表团访日。此后国家多次组织武术团队出访进行国际交流。进入80年代,随着改革开放的不断深入发展,武术对外交流活动日益频繁,1985年8月,在西安市举行的第一届国际武术邀请赛期间,由比利时、法国、英国、意大利、日本、波兰、美国等17个国家和地区代表举行会议,共同商讨筹建国际武术组织。1990年10月3日,国际武术联合会在北京正式成立。

| 且行且思 | ？？

随着社会的发展,武术在不同时期有着不同的作用和价值。通过对各个历史时期武术的了解,思考在当下社会学习武术的意义和价值,以及如何更好地传承中华武术文化。

第三节　武术与影视、小说的交融

一、绚丽缤纷的影视武术

影视武术是将武术的技术击打动作为原型进行艺术夸张加工后,以武术电影的形式呈现出来的一种武术形态,狭义上泛指功夫片、武侠片。这些影视武术作品给国人留下了深刻的印象。每当说到武术这个话题的时候,人们总会情不自禁地想到电影中武林高手们施展的那些高深莫测、精彩绝伦的武功和酣畅淋漓的武打场面。不仅我国人民喜爱影视武术,外国朋友们也通过影视武术作品对武术产生了极大的兴趣,甚至有的专门来到中国学习武术,亲自体验武术的魅力。

(一)影视武术的起源

影视武术的起源与我国四大国粹之一的京剧有着密不可分的联系。京剧有"唱、念、做、打"这四种表演形式,其中"打"指京剧武打,由功夫精湛的武生进行表演。随着电影技术的发明并传入中国,1905 年由北京丰泰照相馆拍摄制作而成的中国第一部电影《定军山》上映,标志着中国电影的诞生。该影片主演谭鑫培先生是中国著名京剧表演艺术大师,他多采用京剧当中的武打动作,使得影片极具观赏性。《定军山》的成功上映使中国电影和戏曲文化结下了深厚的渊源。尽管《定军山》之后的影片或多或少都沿用京剧的武打元素和基调,不少导演和演员深受戏曲的影响,但这并不妨碍此后影视武术的发展壮大。可以说京剧的表演形式是影视武术发展的重要基石。

(二)影视武术的发展

1928 年,明星影片公司选取小说《江湖奇侠传》里精彩部分改编为电影剧本,拍摄的武侠电影《火烧红莲寺》在上映后大获成功,火爆非凡。"红莲寺"这把"火"一连"烧"了三年,在接下来的三年内拍出了 18 集续集。《火烧红莲寺》是中国历史上第一部真正意义上的武侠电影,它的横空出世掀起了中国武侠片拍摄的第一次高潮。从 1928 年到 1931 年间中国上映了两百多部武侠片。这个时期的武侠片取材于颇具神怪色彩的武侠小说,拍摄时利用特技手段实现"钻天入地、剑光斗法、口吐飞剑、掌心发雷"等神功。

1949 年以后的约 30 年间,武侠电影制作中心转移至香港,香港成为武侠电影的主要摄制基地。20 世纪 50 年代至 60 年代中期,武侠片在香港蓬勃发展。主要代表作是以广东民间传奇武林人物黄飞鸿为主人公的武打系列电影。"黄飞鸿系列"一改武侠神怪的风格,以写实的手法拍摄人物的武打动作,重在表现拳拳到肉的真实感,由此开创了中国武侠电影"写实武术"新纪元。20 世纪 60 年代后期,这种写实武打风格更加突出,拍摄出了《独臂刀》《侠女》《龙门客栈》等武侠电影,引发了第二次中国武侠片热潮。20世纪70年代初，一位功夫巨星李小龙横空出世，他用朴实无华的真实功夫和标志性的狂野嘶吼征服了观众，让"功夫"一词火遍全球。然而不幸的是，李小龙英年早逝，他的离世使功夫片热度大减。但随之而来的另一位功夫巨星成龙将武术的真实击打和喜剧的幽默元素相结合，创造出他独具特色的"功夫喜剧"风格，为武术电影注入新的生机与活力。

改革开放以后，中国的武侠电影也迎来了创作的"春天"。1980年，北京电影制片厂张华勋导演的《神秘的大佛》成为揭开大陆影视武打片序幕的作品。1982年由张鑫炎导演、李连杰主演的《少林寺》在内地公映后火爆异常，一时间武侠电影的热潮被再一次掀起，此后大陆的武侠片数量不断增多，制作愈加精良。到20世纪90年代后，随着电影特效的进一步发展，许多武侠片导演将影视特效和武打动作相结合，武打动作的设计偏向于艺术化的唯美和飘逸，弱化动作的写实性。

20世纪90年代初，由徐克、胡金铨、程小东合作的《笑傲江湖》系列电影大获成功，被誉为"新武侠电影的开山之作"。这种唯美动作设计的新武侠影视格调一直影响至21世纪初期的武侠电影。2000年李安导演的《卧虎藏龙》和2002年张艺谋导演的《英雄》延续了这种颇具浪漫主义的新武侠风格，让暴力的打斗场面变得极具美感和诗意。2012年，王家卫导演的《一代宗师》将武侠电影的风格从艺术的"美"拉回到了武术本质的"真"，力求武打动作的真实感，还原武术的真实面貌。2015年上映的《师父》一片，更是将武术打斗的真实感做到了极致。片中的拳法名称、招式、拳谚均出自真实的武术拳种，展现了武术原汁原味的"武美"。

如今影视将武术的武美矫健与艺术夸张相互交融，在武打上愈加趋近于武术的真实技击。影视特效技术的不断突破并创新运用于影视武术当中，使得影视武术的动作效果更加形象逼真。同时，"侠""义"作为影视武术经久不衰的精神内核，伴随着人文情怀的注入，进一步提升了自身的艺术价值。

（三）武术与影视武术的关系

人们刚开始接触到"武术"这一个词时，或许是小学上语文课时老师口中的"中国国粹"，或许是体育课上老师教授的简化拳法，或许是公园里大爷大妈每天操练的太极拳，但更多的人是通过观看影视后才对武术有了初步的认知。人们在欣赏影视中精彩激烈的打斗和跌宕起伏的剧情的同时，也对武术产生了疑问，影视武术所展现的轻功、瞬移、水上漂、飞天遁地、内力传功、人物出招时的炫光等吸引眼球的功夫是真实存在的吗？这些就是武术吗？很多人受影视武术的影响后满怀热情地去学习武术，却发现现实生活中的武术与影视武术相差甚远，这或多或少让他们有种被欺骗的感觉。尤其是到了21世纪后，大量的电脑特效和动作特技运用于影视武术当中，使得动作更加酷炫迷幻，画面更加唯美绚丽，让人大呼过瘾。但是这过瘾的背后，越来越多的人觉得武术就和西方的魔法一样，只是一部分人天马行空的想象，活跃于用银幕艺术创造的武侠童话中，这在一定程度上对武术的宣传和发展产生了一些消极影响。

毋庸置疑，武术是切实存在的东西，伴随着中华上下五千年历史发展至今。而影视武术是武术艺术加工后的产物，它将武术以近乎完美的形态展现出来，甚至超越武术本身能力的限制，创造出"以武动乾坤，以己撼群雄"的美好遐想。影视武术的动作并非空穴来风，它是基于中国武术拳种的动作和技法来编创的，一招一式之间尽显中国武术的味道。当影视武术剥去"影视"这层光鲜亮丽的外衣后，你才能发现武术所蕴含的丰富内涵。武术种类繁多，门派林立。据1986年全国武术挖掘整理工作统计，流传至今的拳种已达130种之多，每个拳种都有其独特的攻防技法、演练的套路、练功的法门等。它们有的以手上功夫著称，例如咏春拳、通臂拳、洪拳；有的以腿上功夫见长，例如谭腿、戳脚；有的大开大合、刚猛无比，例如八极拳；有的柔中带刚、刚柔并济，例如太极拳。除了拳脚功夫外，武术也包含武器的格斗搏杀技能。我们在影视武术中常见的刀、枪、剑、棍、斧、钺、钩、叉等在武术中都能找到它们的使用方法，而且根据地域和流派的不同，这些武器的形制、实战技术也有所区别，值得我们去学习和挖掘。

武术除了其丰富的内容和独树一帜的武技外，其理论体系根植于中国传统文化当中，可以说武术是中国传统文化的一个缩影。武术理论中融入了阴阳五行和儒、释、道三家的思想，在武术的技能上指导其攻防技击，在做人准则上演化出具有儒家伦理道德的武德以及高尚的侠义精神。通过武术的修炼也能反过来加深人们对传统儒、释、道理念的理解，例如少林寺就通过习武的方式来参禅，道家通过习练太极拳来理解动静结合、天人合一的境界等。所以，尽管那些被影视武术吸引来学习武术的人一开始会觉得有些失望，但深入了解后就会被武术独特精妙的技击方法、丰富多彩的内容和深厚的文化底蕴所折服。

当然，影视武术对武术的传播和推广功不可没，它在为观众带来武术的视听盛宴的同时，也掀起了全国乃至全球的习武热潮。影片中人物所展现出来的侠义精神和高尚人格也深深打动了观众，其中演绎的戚继光抗击倭寇、霍元甲对战俄国大力士、叶问对战日本军官等故事情节展现了以爱国主义为核心的民族精神，能够引起国人的共鸣，增强民族凝聚力。因此，我们应该理性看待影视武术，它是武术的艺术夸张表现形式，本质上是艺术表演。尽管部分影视武术过分的艺术夸张，扭曲了武术的本来面貌，但也不乏像《叶问》《一代宗师》《师父》等优秀的作品，把武术原汁原味地展现出来，而这种真实感所带来的视觉冲击力并不亚于用特效堆砌的华美画面。未来影视武术和功夫表演者们还会继续扩大国际市场，增强武术在世界的影响力，让更多的人认识武术，传播中国传统文化；而对武术的进一步挖掘整理和研究能为影视武术提供更多优质的动作素材和精神内涵，推动影视武术的发展。

二、古今笔下江湖

(一)中国武侠小说发展简述

武侠小说是中国旧通俗小说的一种重要类型,多以侠客和义士为主人公,描写他们身怀绝技、见义勇为和叛逆造反行为,广义上是指传统武侠、浪子异侠、历史武侠、谐趣武侠。1979年8月,著名数学家华罗庚在英国伯明翰开会时巧遇武侠小说作家梁羽生先生。华老对梁羽生的作品赞赏有加,将武侠小说称作"成年人的童话"。从古至今,不知多少华夏儿女沉醉于这笔墨下恩怨情仇交织的江湖世界,倾心于用文字塑造的一个个武艺高强、道德高尚的武侠形象,幻想自己有朝一日携江湖好友一同"倚剑听风雨,仗剑走天涯"。

1.武侠文化的起源

武侠小说的文学源头有两种说法,一是汉初司马迁的《史记》中的游侠、刺客列传,出现了对"侠"最早的历史记载,讲述了先秦时期出现的一些在某种观念支配下,凭借个人武技为人效命、以武技谋生或寻求晋升之人。这些人往往为了承诺或心中的道义抛弃自己的生命,无视法令行事。历史上有名典故"荆轲刺秦王"中,荆轲受燕国太子丹的重托去刺杀秦王嬴政,最后刺杀失败,死在了秦国宫殿。荆轲虽然没有完成任务,但他的一诺千金、慷慨赴义的侠义事迹备受后世的赞扬。二是魏晋、六朝间盛行的"杂记体"神异、志怪小说,它是以记述鬼神怪异之事为主要内容,包括神仙鬼怪、天材地宝、特殊宝物、佛法灵异等,也有野史逸闻、民间传说等。从古至今,人们都对鬼神保持敬畏之心,也对鬼神形象有着各种各样的幻想。因此鬼神观念早已深入人心,也成了古代哲学的一部分。这其实是人们对自身思考的结果,现实生活中的苦难挫折让他们追求一些超自然的东西,比如武艺、神剑、宝物等以求改变现状、获得重生。而这些东西在后来的武侠小说中同样是屡见不鲜,成为武侠小说吸引读者的重要因素。

2.武侠小说的发展

到了唐朝时期,武侠小说伴随着"唐传奇"正式出现。唐传奇是指唐代流行的文言短篇小说,它远继神话传说和史传文学,近承魏晋南北朝志怪和志人小说,是一种以史传笔法写奇闻逸事的小说体式[1]。唐朝涌现出一批描写侠客及其侠义行为的传奇作品,内容涉及扶危济困、除暴安良、快意恩仇、安邦定国等方面,在作品中突出侠客人格的坚韧刚毅和卓尔不群,武功的出神入化,功业的惊世骇俗,由此展现出一种放荡不羁的生命情调[2]。这类代表作有《红线》《聂隐娘》《昆仑奴》《虬髯

①王巍.中国古代小说简史[M].沈阳:辽宁教育出版社,2009:33.

②黄卉,刘之杰.简明中国文学史(上册)[M].兰州:兰州大学出版社,2006.

客》等。

宋元时期出现话本,它是宋元时代说话人演讲故事所用的底本。话本多以白话的形式进行创作,更加亲近平民老百姓,成为中下层劳动人民喜闻乐见的文学式样,武侠这个题材也出现了大量话本形式的作品。到了明清时期,创作出了对后世影响较大的两部武侠小说作品,一个是《水浒传》,被列为中国四大名著之一;一个是《三侠五义》,是中国第一部具有真正意义的长篇武侠小说,对中国后世武侠小说乃至文学艺术影响深远,称得上是武侠小说的开山鼻祖,由此掀起了各类武侠题材文学作品的创作高潮。

随着辛亥革命的成功,各种思想流派开始蓬勃发展,文学作品也呈现不同的风格特点,武侠小说也顺着时代的潮流繁荣发展。这一阶段诞生了许多优秀的武侠小说作家和作品,深受读者的喜爱。从民国初年到20世纪20年代初,这一时期鲜有大影响力的佳作,直到1923年,向恺然的《江湖奇侠传》出版,才标志着以"武侠"为主要表现对象的武侠小说,正式登上文坛,并迅速走红。在20世纪30年代后,最有名的武侠小说家便有北派五大家:还珠楼主(李寿民)、宫白羽、郑证因、朱贞木和王度庐。

到了近代,以金庸、梁羽生、古龙、温瑞安等为代表的新武侠小说家的崛起,让武侠小说进入了创作高潮,留下了不少佳作,其影响力一直持续到现在。时至今日,我们仍然能对他们的武侠小说爱不释手,仍然能看到根据他们的武侠小说改编的电影和电视剧。然而,随着这批老作家们的隐退和离世,再加上在网络发达的今天,网络小说和玄幻修真题材的出现,武侠小说逐渐走向没落。

(二)真实存在的"武功秘籍"

武功秘籍是武侠小说当中的必备元素。在作者笔下的武侠世界里,武功秘籍能造就不少武林神话,也能闹得江湖血雨腥风。不仅武林人士对其趋之若鹜,就连笔外的读者们也羡慕不已。然而,武侠小说毕竟是文学艺术的创作,这些武功秘籍自然是作者精心虚构出来的产物。不过,从古至今漫长的五千年岁月里的确有一些真实存在的"武功秘籍",即武术著作。虽然没有小说描写的那般神乎其神,但确实是古人们智慧的结晶,凝聚着他们对武技、武道的追求和探索。

1.《汉书·艺文志》

《汉书·艺文志》是汉代时期编撰的书籍,是中国现存最早的目录学文献。《汉书·艺文志》"兵书"类的"兵技巧"部分中介绍了武术,记有《手搏》六篇、《剑道》三十八篇等。这些都是中国最早的武术著作。虽然都已亡佚,但可看出中国早在汉代,拳术、剑术等武术技巧就已用文字留传下来[①]。

[①]张幼坤.武术一百问[M].南京:江苏科学技术出版社,1989.

2.《武编》《纪效新书》《剑经》

明清时期是中国古代武术发展的繁荣时期,不仅各种拳种数量增多、门派林立,大量与武术有关的著作也相继问世。《武编》是明代著名军事家、武术家唐顺之所编纂的一部兵书,前集六卷,后集四卷,前集中有关于牌、射、拳、枪、刀、剑、锏等武艺方面的内容十二篇[①],其中还记述了身体的训练方法、运用五行原理阐述枪技的用法等珍贵资料。

《纪效新书》是明代抗倭名将戚继光所撰写的军事著作,其中戚继光总结了自己与倭寇作战的经验,把实地训练士兵的条目汇编成册,在难懂的地方加上图解,使得军官和士兵们都容易理解,是一部名副其实的兵书[②]。这本兵书里除了记载行兵打仗的经验之道,还记载了拳术理论,在《纪效新书》第十四篇《拳经捷要篇》中专论拳术。《拳经捷要篇》实是《拳经》的自序,介绍他所创编的"三十二势"拳路的基本原理。"三十二势"拳路是戚继光集百家之长所创编而成,并为每一势配上歌诀,绘制相应人物的动作图谱。这种记录的形式与武侠小说里的武功秘籍别无二致。

与戚继光身处同一年代的抗倭名将俞大猷也是一名骁勇善战的武将,在武学方面颇有研究,尤其擅长棍法。俞大猷著有《剑经》一书,戚继光对其赞赏有加,并收录于《纪效新书》当中。有趣的是,《剑经》并非是像它的名字一样讲与剑有关的内容,它实际上是一部讲解棍法和长兵运用的专著。俞大猷结合自己的经验在《剑经》中详尽地阐述了棍法的原理以及各种实战技击方法,揭示了棍法的奥妙与真谛,具有很高的实战价值。

3.《耕余剩技》

《耕余剩技》是明末著名武术家程宗猷编著的一部武术著作。程宗猷是名门望族的子弟,受家庭氛围的影响,自幼习文练武。为了提高自己的武技,常常远游各地拜名师学艺,从浙江刘云峰、河南李克复、嵩山少林寺分别习得刀法、枪法、棍法,后来根据所学内容写出了《单刀法选》《长枪法选》《少林棍法阐宗》,并总结自己习练的心得体会著成《蹶张心法》,而这四本书构成了《耕余剩技》。《耕余剩技》的问世,成为继戚继光《纪效新书》之后,又一部较为完备的武术专著,对后世的武术发展影响极大。其中的《长枪法选》,更成为研究少林枪法的宝贵资料。

除了上述介绍的武术经典著作外,还有《陈氏太极拳图说》《拳经拳法备要》《兵仗记》《太极拳经》等优秀的武术著作,这些作品成了武术追溯过去的历史依据,也成了武术未来发展的基石。对于现实生活中的习武者而言,这些经典的武术古籍无异于"武功秘籍"。他们能从古人的思想中汲取智慧,推陈出新,继往开来,推动武术在新时代的发展。

①周伟良.中国武术史[M].北京:高等教育出版社,2003:101.

②黎明.中国历史名人传记故事(明朝卷)[M].长春:吉林音像出版社,2005.

(三)多彩的"侠"文化

"武侠"二字,从字面上来讲可分为两个部分,一个是代表暴力手段的"武",另一个是代表精神符号的"侠"。武侠小说充分地将"武"和"侠"结合在一起,创造出了一个又一个武功高强、行侠仗义的武侠。人们对武侠小说的热爱一般始于对"武"的精彩描写,最后陷于"侠"的精神内核。在历史上,侠是真实存在的特殊群体。他们有的隐匿于江湖之远,有的身居于庙堂之高;有的身怀绝技,有的却手无缚鸡之力。但他们始终遵从于自己心中的正义,在呼天不灵时替天行道,在叫地不应时代地执法。因此,不少文人墨客们对侠不吝赞扬。唐代诗仙李白就曾写下《侠客行》一诗,其中"十步杀一人,千里不留行"写出了侠的高超武艺,随后"事了拂衣去,深藏功与名"写出了侠淡泊名利的高尚节操。全诗字里行间里都表达出他对侠的倾慕之情。

"侠"这个字最早出现在《韩非子·五蠹》中:"儒以文乱法,侠以武犯禁。"作为法家代表的韩非子对儒和侠极其厌恶,他认为侠就是违法乱纪、崇尚武力解决问题的暴民,这有碍于他推行法家思想。所以"侠"的概念在诞生之初是带有贬义的,被认为是一类有可能会扰乱社会秩序的群体,注定会受到统治者的打压。

侠在中国的发展经历了很多的转变,最开始出现在底层的平民百姓,凭借着自身的技勇去挑战朝廷官府的权威,为了心中的信念做出一些极端的事情,例如司马迁在《史记·刺客列传》中记载了荆轲刺秦王、专诸刺王僚、聂政刺王傀、豫让刺赵襄子的事迹。这些在现在看起来有些愚蠢的刺杀行为却备受古人的推崇,并把这些赫赫有名的刺客列为侠士的范围。正因如此,很多人认为最初的侠客都是脱胎于春秋战国时的刺客。

当秦始皇大一统建立秦朝时,面临的是昔日六国人民的不满,面临的是各路侠客的不服气。为了稳定社会,嬴政偏爱法家,也大规模地实行了压制措施,烧典籍、缴兵器,在思想上和武力上同时进行压制。但侠的精神却没有在这种高压之下渐渐销声匿迹,他们依旧践行着侠道,为自己心中的正义而不惜代价。失败和成功都有可能,失败之人,就回到江湖中做一个游侠。于是,汉朝初期,出现了游侠的身影。司马迁认为,游侠是凭借一己之力来除暴安良、锄强扶弱,侠士应该具有行侠仗义、舍己为人的行为与诚信、谦虚的美德。他肯定了侠义是符合儒家道德规范的核心,也是我国从古至今的传统美德。

东汉末年,战火又一次燃起。那些有名望且有抱负的游侠已不再满足于只在民间行侠仗义,他们心中有了更多的想法,于是他们开始结交权贵和地方势力,壮大自己的团队和名声,形成了一种叫帮派的团体,我们把这种团体称为豪侠。豪侠是以游侠演变而来的。游侠称"豪",正在于他们广结宾客,通过尽力维护交游圈中人的利益来获得对方的拥戴与效力,以形成强大的社会集团势力。由此,"游侠"一跃而变身为"豪侠",称谓改变的背后正是其社会性质和地位的巨大变化。然而,这一转变也导致了其古典游侠品格的淡化以及豪暴侵凌倾向的形成,成为豪侠日后走向衰亡的重要原因之一①。

---

① 吴靖.侠:一种文化人格的历史流变[J].书屋,2012(11):27-34.

侠客在唐朝,于历史重要事件中的身影淡了下来,汉朝时的豪侠大多也都跻身朝堂,少数游侠还在江湖中漂泊走动,在和平的年代里行侠仗义,留下了一段段传奇被人记载于书中。唐朝的侠客,被称为剑侠,这些剑侠的形象也是后世武侠小说中最初的形象。侠文化的发展,在唐宋时期达到顶峰,"儒侠"就是这个时期的代表,他们并不是江湖草莽,而是士。此时的侠客精神已深刻地渗透进士人的道德意识中,不再是当年东汉一代侠风的局部影响所能比。唐宋以来,无数的知名儒生都带着一股侠气,他们渴望做官,渴望以自身的能力,平天下之不平事。

明清是中央集权制发展到鼎盛的时期,却也是思想逐渐变得故步自封的时期,侠客的身影在这时也逐渐变得落寞起来。几番较量后,侠义精神衰微下来,英雄主义消失殆尽,侠客真成了"以武乱禁"之人,是当权者不能容忍的存在,把侠视作破坏统治的乱臣贼子进行无情打压。至此,侠退出了历史舞台。后世之人通过武侠小说的创作让侠再次焕发生机,成为许多人羡慕追捧的武侠,但艺术加工之后的武侠早已不复当年的真实面貌。

如今侠客的时代早已过去,我们早已剪去了飘逸的长发,脱下了长衫,藏起了兵刃,以新时代人的全新姿态生活在这片拥有五千年历史底蕴的广袤土地上,身上再也没有古老侠客的痕迹,但侠客精神早已烙印于中国人的血液当中。即便我们不以"侠"之名自称,但我们依旧能行侠者之事,在他人需要帮助时伸出援手,在国家危难之际挺身而出。"纵使侠骨香,不惭世上英",愿侠客精神永流传。

| 且行且思 | ❓

(一)华山论剑

辩论赛实践:金庸笔下,"飞雪连天射白鹿,笑书神侠倚碧鸳",成为小说史上最璀璨的明珠。侠之大者,为国为民,传递家国情怀,但武侠小说主要以武力解决纠纷,而人物性格也与现实世界有些偏离,有的言行甚至很古怪,武侠小说的代入感强,因此容易使学生模仿,产生一些不好的影响。

辩题:"古金"笔下的武侠小说作品能不能入选中学选修教材(利与弊)。

(二)佳片赏析与创作

本期推荐:电影《笑傲江湖2之东方不败》《倚天屠龙记之魔教教主》《碧血剑》。

赏析:结合本节所学知识,分析武侠小说(影视)与现实武艺有何区别。

创作:小组合作,尝试创作一篇短篇武侠小说或导演并拍摄一部简短的武侠剧。

第四节　做一个有"修为"的武者

一、武德与武礼

(一)武德

1.武德的含义

武术的生命力在于技击,但更在于武德。武德,即武术道德。武,止戈为武,是停止干戈,消停战事的实力;德,以仁、义为核心理念,是以上、止、正为行为操守的言行举止。早在春秋时期左丘明所著的《左传》中就已经有"武德有七"的论述。随着时代的变迁,武德的含义也在不断地变化与发展。过去,大多以"孝悌正义、尊师重道、除暴安良、扶危济贫""虚心请教、淡泊名利""戒骄奢淫逸"等作为武德的信条。而如今,也有很多学者对其进行概括,有的说武德是"崇武尚德"的精神,还有的认为武德是习武者道德的体现。

总而言之,武德就是指对习武之人的行为规范要求的总和,包括习武者应该具备的道德品质和在社会活动中应遵守的道德规范。"道"一般指事物的运动变化规律,并引申为人们必须遵守的行为准则或规范;"德"即"得",人们认识"道",遵循"道",内得于己,外施于人,便称为"德"。武德协调着武者之间的人际关系,对习武者的各种活动有着深远影响,例如心性修养、精神境界、道德作风以及武术礼仪,贯穿在拜师择徒、习武、教武、用武的过程之中,是社会伦理道德在武术这一特别领域的具体应用,强调修身与练武的协调统一,使崇德与尚武二者成为密不可分的两个板块,相辅相成、缺一不可。

2.武德的主要内容

传统武术用谐音"五德"概括了五条武德:一不可好勇斗狠;二不可恃武欺人;三不可恼羞成怒;四不可见死不救;五不可四处卖弄。随着时代的发展,传统的武德中有一定成分与新时代理念产生分歧,而且新的时代也出现更多新的美好品质可以纳入武德的范畴,所以现在的武德为以下九条。

(1)武旨正——强身健体,卫国防身。学习武术的宗旨要正确,练武是为了强身健体,掌握武技保护自身安全,为人民为国家服务,而绝不能恃武为非作歹,恃强凌弱。

(2)武纪严——不斗凶狠,遵规守纪。习武不为逞凶斗狠,无事生非,要遵守规则,做遵纪守法的榜样。

(3)武风良——尊师爱徒,相互促进。师生之间相互尊重,老师要关心爱护学生,学生敬重老师,共同学习,共同进步,为武术的发展献出自己的力量。

(4)武礼谦——以礼相待,礼貌谦和。不论是武者之间还是武者与其他人之间,都要以礼相待,有礼有节,谦虚诚恳,不能狂妄自大,出言不逊。

（5）武志坚——意志坚定，不屈不挠。夏练三伏，冬练三九是习武必须经历的事情，习武者要有坚定的意志力，有不怕苦不怕累、绝不轻言放弃的精神。

（6）武学勤——朝演夕练，勤学苦练。常言道，"欲学惊人艺，须下苦功夫""不经严冬冰霜苦，焉得梅花放春香"。历史上凡是在一门技艺上有所成就的人，都是勤学苦练才造就出来的。练习要勤奋，不懒惰，不偷奸耍滑，才能有作为。

（7）武技精——刻苦钻研，精益求精。"艺无止境，学无止境"，武术博大精深，内容丰富，绝非一朝一夕能钻研穷尽，必须刻苦钻研，不断进取，才能精益求精，让自己精通这门技艺。

（8）武仪端——举止庄重，容端体正。习武者应该仪表端正，举止文雅，表现出武者所有的气宇轩昂的精神风貌，不能体态不端，衣冠不整。

（9）武境美——环境整洁，井然有序。作为武者，要主动保持练习场地以及生活环境的卫生整洁，特别是训练场地。要摆放整齐衣物和器件，爱护公物，让习武环境、生活环境优美整洁。

3.武德的价值

武德作为中国传统武术的核心内容，在传承与发展的长期过程中，已经和人们的思维、生活方式、道德操守、处世态度、审美情操等融为一体，成为中华民族道德伦理思想的重要组成部分。如今，在新时期的社会主义市场经济的条件下，作为民族文化遗产瑰宝的武术传统道德伦理思想，应取其精华去其糟粕，从而发现武德与现实社会发展的内在价值联系，有选择性地吸收传统武德中对当代社会有益的成分，传承和发扬传统武德的精华。武术精神的核心内涵与社会主义核心价值观相辅相成，互利共生，武术精神需要在不断创新和发展过程中满足时代需求。"立德树人"是国家教育的根本任务，当前我们应重拾中国武术教育价值的多元性，提升中国武术在学校教育中的文化地位，强化学校教育中中国武术教育的实施，落实好武术教育一体化进校园工作，使其成为服务于"立德树人根本任务"落实的最佳教育内容之一。

（二）武礼

1.武礼动作

（1）抱拳礼

古代习武者不以握手而以抱拳为礼，意在避免对方猜疑，也避免对方可能暗藏杀机（擒拿中有趁伸手相握之际擒住对方的方法）。自1986年起，武术竞赛制定了统一的抱拳礼规范。

行礼方法：并步站立，左手四指并拢伸直成掌，拇指屈拢；右手成拳，左掌心掩贴右拳面，左指尖与下颌齐平。双手从体侧向胸前合抱，两小臂微内旋，右拳眼斜对胸窝，置于胸前屈臂成圆，肘尖略下垂，拳掌与胸相距20～30厘米。头正、身直，目视受礼者，面容举止自然大方。武术散手在戴拳套练习和比赛时，可模拟行抱拳

礼,两关套合抱于胸前即可。(图1-1)

抱拳礼的所代表的含义。

左掌表示德、智、体、美"四育"齐备,象征高尚情操。屈指表示不自大,不骄傲,不以"老大"自居。右拳表示勇猛习武。左掌掩右拳相抱,表示"勇不滋乱""武不犯禁",以此来约束、节制勇武的意思。

左掌右拳拢屈,两臂屈圆,表示五湖四海,天下武林是一家,谦虚团结,以武会友。

左掌为文,右拳为武,文武兼学,虚心、渴望求知,恭候师友、前辈指教。

(2)鞠躬礼

行礼方法:并步站立,两手垂置于体侧,手心向内贴于大腿外侧,上身向前倾斜15度。鞠躬礼常用于见到师长时,表演、比赛结束时以及一些不太适合行抱拳礼的正规场合。(图1-2)

(3)抱刀礼

行礼方法:并步站立,左手抱刀,屈臂使刀斜横于胸前,刀背贴于小臂上,刀刃向上,右手拇指屈拢成斜侧立掌,以掌根附于左手腕内侧,两腕部与锁骨同高,两臂外撑,肘略低于手,目视受礼者。(图1-3)

图 1-1   图 1-2   图 1-3

(4)持剑礼

行礼方法:并步站立,右手抱剑,屈臂使剑身贴于小臂外侧,横斜于胸前,其余同抱刀礼一样。(图1-4)

(5)持枪(棍)礼

行礼方法:并步站立,右(左)手枪(棍)把端三分之一处,屈臂置于胸前,枪(棍)身直立,枪尖(棍梢)向上,左(右)手拇指屈拢成斜侧立掌,以

图 1-4   图 1-5

掌根附于右(左)腕内侧,两臂外撑,肘略低于手,目视受礼者。(图1-5)

抱刀礼、持剑礼、枪(棍)礼一般在武术的竞赛、表演、训练活动中应用。

2.竞赛礼仪

（1）武术竞赛开幕式、闭幕式仪式

武术比赛开幕式上，当主持人宣布大会开幕，全体人员起立面向国旗方向肃穆站立。升国旗，唱国歌。闭幕式举行降旗仪式时，全体人员唱国歌。

（2）运动员礼节

运动员听到上场比赛的点名时，应向裁判长行"抱拳礼"。然后走到裁判长的右侧半场完成相同方向的起势和收势。听到宣布最后得分时，也应向裁判行"抱拳礼"，以示答谢。

（3）裁判员礼节

裁判员穿着统一的服装，佩带统一的裁判标志。比赛开始，广播员介绍技术监督委员会成员时，起立行"抱拳礼"；介绍仲裁委员会时，被介绍者原地行"抱拳礼"；当介绍总裁判长、裁判员时，被介绍者左脚向前一步，右脚跟上并步站立，行"抱拳礼"。礼毕，右脚后退一步，左脚向后与右脚并步站立。

在比赛开始或结束时，当运动员向裁判长行"抱拳礼"或"鞠躬礼"时，裁判长应点头示意，以示还礼。

3.课堂礼仪

武术教室是一个严肃的教育场所。师生要用武术礼仪的标准来约束自己，言行有礼。

（1）技术教学、训练课礼节

上课铃响时，班长或值日生整队集合（同学间距约10厘米），清点人数完毕，向老师（教练）报告时，师生均行"抱拳礼"。老师向学生行"抱拳礼"，同时说："同学们好！"学生在回答"老师好！"的同时，也行"抱拳礼"。然后落手立正。礼毕，上课开始。

下课时，老师向学生说："同学们再见！"学生再答"老师再见！"的同时，互行"抱拳礼"；老师落手站立，然后学生落手立正。礼毕，师生下课。

（2）理论课堂礼节

当老师走向讲台时，班长发口令："起立，敬礼！"学生起立行"鞠躬礼"。老师看学生已行礼端正，亦行"鞠躬礼"答谢。班长发口令："坐下！"学生就坐，开始授课。

下课时，老师说："下课！"班长发口令："起立，敬礼！"学生起立行"鞠躬礼"。老师看学生都已行礼端正，亦行"鞠躬礼"回谢。礼毕，下课。

二、武术礼仪故事

（一）名门武术礼仪故事

旧时武术界授徒传艺，最讲究门规与班辈。各派有各派门规，但大体以武德为本，对弟子提出具体规范约束。有的弟子即使已经入门，师傅也是头三年只教基本功,视其品行端正,行为符合门规,方始教其登堂入室的武功。这样,门规在一定程度上起着对弟子品行约束、检验和武德教育的作用,故武林中历来对门规极为重视。

1.八卦掌门规

根据孙锡堃的《八卦拳真传》,八卦掌门规要求学者:

(1)无论内外家,全有高明之人。总要求名师、访高人,方能得奇技,不致枉费工夫。

(2)得名师后,总要虚心求教,往深处追求,对师要心地诚实,方为练武之宗旨。

(3)艺成之后,不藐视他人,以义气相待,不逞自能,或与高人比较武术,点到为止,胜负自知,外人难分,以便保存对方名誉。

(4)练武之人,最宜注重道德,为国尽忠,为双亲尽孝,对友要信,对师要恭,见义勇为,当仁不让,方不愧武术家侠义之本旨。

(5)功夫成后,切忌奸淫妇女、欺压良善、劫夺财产、伤残世人、胡作非为、违拗师长、结交匪人、开口骂人、口出妄言,犯者不得善终。

2.少林寺门规

与八卦掌门规相比,少林寺门规就显得更为严厉一些了。河南嵩山少林寺作为天下武功的发源地,严格遵守"少林寺古训",更是强调了"武以德立、武以德先"的收徒门规,少林寺戒约着重强调提出"习武者尚武不尚力、未曾学艺先学礼、未曾习武先习德""缺德者不可与之学,丧理者不可教之武"的门规戒律。

少林寺四威仪:

睡如弓,坐如钟,走如风,站如钉。

少林寺弟子五戒:

一不杀生;二不偷盗;三不邪淫;四不妄语;五不饮酒。

少林寺弟子十禁:

一禁叛师;二禁异思;三禁妄言;四禁浮艺;五禁偷窃;六禁违戒;七禁狂斗;八禁抗诏;九禁欺弱;十禁酒淫。

少林寺功夫十不传:

人品不端者不传;不忠不孝者不传;人无恒心者不传;文武不就者不传;借此求财者不传;俗气入骨者不传;市井刁滑者不传;骨柔质钝者不传;拳脚把势花架者不传;不知珍重者不传。

这主要由于少林武术系佛门所传,综合了佛门悲悯戒杀以及与世无争的思想,故少林寺门规历来在武林中影响深远。

(二)名家武术礼仪故事

《大公报》评价孙禄堂先生道:"合形意、八卦、太极三家,一以贯之,纯以神行。海内精技术者皆望风倾倒。……为人重然诺,有古风粹然之气见于面背。"孙禄堂先生就是遵循武术之道的代表人物之一。国术名家李景林曾谓:"环顾宇内,能集拳术之大成而独造其极者,唯孙禄堂先生一人。"

1860年,孙禄堂生于河北完县(今顺平县),原名孙福全。自幼聪慧绝人,性情沉勇雄毅,史载"生而巍巍,超绝常儿"。7岁时入私塾读书习字,同时随吴姓拳师学习少林拳、弹腿。文武兼修,还都学得很好,这份童子功为他日后的成就打下了坚实的基础。13岁那年,形意拳师李奎元看中了孙禄堂的资质,就把他带到自己门下,学习形意拳,同时读书。一入师门,李奎元就告诉孙禄堂:"要练好形意拳,就必须先练好三体式。"(图1-6)

图 1-6

三、武者修为提升学生素养

(一)尊师重道明武礼

在我国的传统中,尊师重道的观念由来已久。自武术讲求学习传承以来,就有了尊师重道的观念。尊师重道作为一种社会意识,长期影响着中国人的思想和行为,成为中华民族优秀传统精神的一个部分。"尊师"是指尊敬师长,"重道"是指重视老师传授的知识和道理[1]。尊师重道就是指尊敬师长、尊重知识、尊重人才、重视教育、追求真理。而在武术教学中,武德教育是不可缺少的环节,目的是让练习者在掌握基本武术技术的过程中,能够提高自我修养和拥有高尚的情操,同时也要注意尊师重道思想的掌握。

(二)坚韧不拔出真知

坚强的意志是在克服困难的实践活动中形成和发展起来的,会直接影响人的发展。武术需要练习者长期坚持学习,武术需要脚踏实地一步一步积累,武术一招一式的学习都需要上百次的尝试,柔韧性的练习也需要在不断的自我突破中完成,还有一些难度系数偏高的武术技巧更需要经过成千上万次的失败才能掌握。困难与挫折常会伴随习武者的习武过程,受挫感也会随之而来。

(三)中华文化永传承

武术是中华民族优秀传统文化的重要组成部分,承载着厚重的历史文化内涵,它植根于中华大地,绵延数千年,生生不息。于中华民族而言,武术是一种文化符号,即"作为中国文化符号的武术",或者说"具有中国文化价值的武术"。

为了取得一定武德教育效果,可以要求练习者,在学习武术的过程中传承和发

---

①赵亮.论高校传统武术教学中的武德培养[J].当代体育科技,2012,2(34):102+104.

扬中华传统美德,这不仅需要学生透彻理解武术知识,还要求老师进行武德理论知识教育,为学习武术的学生提供武德知识具体运用的机会,让练习者切身体会武德教育的内涵。比如组织武术比赛活动,让练习者在活动中进行技艺的切磋、正确行礼等,感受到武术精神的包容性,并且在比赛过程中培养练习者精益求精、不怕失败的精神。

|且行且思| ⁇

　　撰写小论文:试探究中华传统礼仪与其他各国礼仪的区别与影响。

第二章　象形拳术

第一节　象形拳概述与基本技法

一、象形拳介绍

象形拳是一种模仿各种动物的特点和形态,展示出人物的搏斗形态和生活形象,以结合武术动作模仿动物或人的某种动作特征为主的拳术,它结合动物在捕食时的进攻特点来充实技击动作上的内容。世间万物体型庞大如雄狮、猛虎、猎豹等,小者如螳螂、蛇等,它们各自都有自己的生存方法,人虽然是万物灵长,但尺有所短,寸有所长。为了维持自己的生存,万物都在顽强地与各种不利条件进行着斗争,适应不了环境的都会被淘汰,能适应的留了下来。在漫长的进化过程中,各种生物逐渐掌握了属于自己的独特本领,想要生存下去,它们需要食物,就需要狩猎,会进攻。它们还需要在狩猎的过程中以及平常的生活中提防不被其他的动物吃掉,因此就得学会防守,学会躲避。动物世界里的攻防格斗有千万种之多,这为中国古代武术家创编武术的攻防动作提供了取之不尽的灵感。而在古代武术中,模仿动物动作也是一种普遍的现象,以鸟兽鱼虫之长提升自我的生存能力,故而武术家们创造了象形拳。

象形拳包括两大类:一类是将动物动作与武术技击相结合的仿生拳术,如猴拳、鹰爪拳、蛇拳、螳螂拳、虎拳等;另一类是在模仿醉汉,在步履跟跄、东倒西歪的醉态中完成各种武术技击动作的醉拳类,如醉拳、醉剑、醉棍等。

螳螂拳:螳螂拳是象形拳的一种,因其像螳螂捕蝉而得名。在明末清初时期,螳螂拳由山东海阳司马李氏家族四世祖李赞元的玄孙李秉霄创造,其曾在云游中偶遇到了一场惊心动魄的螳螂黄雀之战,受到了螳螂以小胜大、用智慧去战胜黄雀的启发,于是近乎痴狂地开始模仿螳螂战斗时候的动作,经过反复的尝试与锤炼,终于创造出一门技击性强的象形拳术,后学艺大成,重返海阳,随后螳螂拳在当地流传起来。

虎拳:虎拳是清乾隆年间,福建永福县(今永泰县)批口村人李元珠所创。李元珠从小就开始学习武术,精通牛法、狮法等各种拳艺,在此基础上,模仿老虎的形态,取老虎在捕猎中的技巧,领会其中道理,将它融入拳里,精心创编了虎尊拳。

鹤拳:鹤拳是南拳的一种。原称"白鹤拳",相传为清康熙年间,福建方七娘所创。方七娘从小学习武术,天生聪慧过人,且双眸水灵,脸蛋红润,身材修长,方圆几十里的俊俏青年都慕名而来,然而金钱、名望都无法打动她。传说有天夜里,她梦到白鹤仙人,告诉她会有一名男子会到她的屋檐下躲雨,此人跟她很是有缘,但是她久久未等到此人,却在机缘巧合下得到了特别的收获。又一个夜里,白鹤仙人进入了方七娘的梦里传授给她了一套似刚非刚、似柔非柔的拳法,方七娘醒来之后,按照白鹤仙人的指点进行练习,创出了一套独一无二的白鹤拳。

猴拳:猴拳是拳术中象形拳的一种,因模仿猴子的各种动作而得名。中国早在西汉时就已经有了猴拳和猴舞了,猴拳在发展过程中,形成了各种不同的流派和技术特点。猴是人们所熟悉的,也是与人类最像的一种动物,它活泼好动、动作多变,争斗过程中的手法迅猛、令人赞叹,故古代人根据猴在生活中的动作创编了猴拳。

蛇拳:蛇拳是传统拳术的一种,属于模拟蛇的各种动作形象,并结合技击动作的象形拳类,主要流传于浙江、福建、四川、广东、台湾、香港一带。因为南方气候湿润,蛇较多,从象形拳来讲,即南派多蛇拳,而万氏蛇拳,属于少见的北派真传。

二、拳术的运动特点

(一)螳螂拳的运动特点

螳螂拳是一类长短兼备,发力时快速刚猛、松紧结合的拳术,[1]其中富有代表性的有以下几种。

1.七星螳螂拳:劲整力圆、周身相合、拳紧体松、轻沉兼备、贯穿紧凑、节奏明快、刚柔相济、长短互用、开合收放、蓄发相变、腾挪闪展、身法灵活、勾搂缠封、变化无穷。

2.六合螳螂拳:六合螳螂拳不为形式所拘,不为格式所限,一不用蹬山,二不用骑马,怎么学怎么发,怎么顺便怎么打。在练习当中,要求从功架到熟练,从熟练到巧练,从巧练到自然,最后达到自然而然。

3.梅花螳螂拳:梅花螳螂拳与其他的螳螂拳相比较,有明显的不同之处。从外形上看动作偏柔,由套路上看以暗刚暗柔劲为主,很少有刚猛快速的,故有人称为软螳螂。

4.太极螳螂拳:太极螳螂拳以"乱截"练手梢之劲,以"崩补"演身法之变化,以"八肘"为主演全身之劲法,更以"摘要"为纲,重演诸家之手法。"摘要"是该门拳法之精华,由"八肘"拳批手中推演出。

螳螂拳的手法、步法、腿法紧密而巧妙,稳健而灵活,活中求快,快中求稳,稳中求精。身法上要求腰部和上肢要灵活,下肢要稳固,"只动腰、不走胯"。劲法讲究柔、刚发。发劲大多是通过拧腰抖手臂,形态表现在手指。拳法有蹦、弹、砸、挑、劈、勾等。螳螂拳派别虽多,但都强调"象形取意,重在意"。

(二)虎拳的运动特点

虎拳是在模仿猛虎捕食、跳跃、奔窜等动作的基础上结合武术的攻防特点创编而成的,其特点是以形为拳,以意为形态、用气催动力量,用力时虎视眈眈、怒目圆睁,两手呈拔山之势。虎拳的主要代表有以下几种。

1.虎尊拳:虎拳的第一路拳。虎尊拳既擅长手法,也精通腿法,要求出手快如闪电,

---

①董学光,鲁晓飞,韩星.螳螂拳的演变与发展研究[J].中华武术,2019(11):34-37.

下肢稳如泰山,招式快如飞箭,力量大如猛虎。在手型上,以节为门户,多用虎爪和拳、掌、指、肘,同时手法多变,手脚紧密配合,特别突出以一双虎爪为重要特点。

2. 黑虎拳:主张神态与形态同练,内外兼修。动作虽短小精干,但在很小的场地内也可以打出拳术套路。黑虎拳属于南派内家拳。招法动作变化多端并且威力巨大。出手带风,但又可刚可柔,刚柔相济。

3. 伏虎拳:又称为降龙伏虎拳,属于武当山的镇山之拳。伏虎拳动作刚中至刚,柔中至柔,且招招逼人,进攻时,爆发力瞬间迸发而出,防守时密不透风。

各类虎拳的特点大同小异,根据虎的行走、扑食、打斗等动作而创编,攻防上强调手法多变、脚步多移,突出近战短打,防中带攻,明防暗攻,以力制力。

(三)鹤拳的运动特点

鹤拳的主要代表有宗鹤拳、鸣鹤拳、食鹤拳、飞鹤拳四种不同的拳种,它们同出一源,可是运动特点却又不同。

1. 宗鹤拳:在练习时通常要求练习者的两臂如将身上的水瞬间抖掉的样子,两腿如突然收缩绷紧的劲力一样,做到"两只手像竹绳,两只脚像车轮,进攻像猛虎出林,防守像老猫伺鼠"。

2. 鸣鹤拳:以形为拳,以意为神,以气催力,拳势激烈,上肢动作较多。身法要求沉肩垂肘,含胸拔背。步法需稳固,落地生根。发力时劲由脚跟起,气沉丹田,腰、腿、臂贯通一气,力求顺达,需要蓄劲。

3. 食鹤拳:在练习时吸气和吐气需要发声,经常用指,好似鹤啄吃食物一样,动作轻巧快速。同时要求动作以静为主,以意守静,动时敏捷勇猛,讲究精、神、手、眼、节的配合。拳势有时较为激烈,上肢动作较快,步法稳固。

4. 飞鹤拳:"通之为飞",通也就是舒展的意思,顾名思义,飞鹤拳要比其他的几种鹤拳要更加的形象、舒展、大方,拳多模仿鹤在空中翱翔、展翅高飞等动作,吸气上提似鹤展翅高飞、长伴于长鸣。

每种拳法都有自己的独特之处,但是它们都脱离不了鹤拳的本身,都是以三战为基础,讲究的是气沉丹田,练丹田功,以气补劲,技击时讲究的是借助明劲跟暗劲。

(四)猴拳的运动特点

猴拳在发展过程中形成了不同的流派和技术风格,但基本要领和特点却是共同的,近代猴拳多以套路的形式出现,其动作内容既要模仿猴子机灵、敏捷的形象,又要符合武术的技法特点,讲究形、法统一。

猴拳是由猴的形态和武术攻防技法的特点所融合而成的一种象形拳术,手法上模仿猴子摘果、攀爬动作,有抓、甩、采、切、刁、拿、扣、顶法。因为猴子没有脖子,猴拳模仿猴的身型就要求缩脖、耸肩、含胸、圆背、束身、屈肘、垂腕、屈膝。

总之,猴拳是一种"形法合一"的拳法,即形态与技法相结合,不仅需要形态神似,而且需要做到动作密集连贯,行云流水,干净利落,还需要做到刚柔相济,虚虚实实,快慢得当。

(五)蛇拳的运动特点

蛇拳是四川峨眉派武术的一个拳种,它的拳法里隐藏着技法,技法结合蛇形,动作以掌为主,掌指为辅。出手时似毒蛇喷射毒液,身体在行进过程中微微摇动,步法轻巧。蛇拳的动作开合得宜,刚柔并济,以柔为主,柔中有刚;上身要求柔软,下肢则要求灵活,做到步法灵活且桩功扎实。

|且行且思|❓

学会在中文期刊网上检索"象形拳"相关文献,利用文献资料法,帮助你学习更多的相关知识。

第二节　象形拳套路解析

一、预备式

双脚并拢站立,双手自然成掌放在身体两侧,头颈正直,下颚微收,精神集中,眼睛自然平视前方,保持呼吸自然。(图2-1)

图 2-1

二、螳螂刁勾

右手穿掌经小腹前到达身体左侧,同时左手同右手一起,左手掌心朝下,右手掌心朝上,两掌移动到身体左侧时,瞬间翻腕,左手呈掌心朝上,右手呈掌心朝下,在面前画上一个椭圆并到达自身右侧,右腿向右侧跨出,左髋迅速顶出成弓步,同时,双掌从身体右侧迅速摆出,左手摆于身体正前方且直臂定住,右臂快速抬高,略高于肩且微屈定住,双手同时抖动手腕,变成螳螂刁勾停下,勾手方向朝向左侧。(图2-2至图2-4)

要点:头颈正直,重心不变,眼睛跟手走,以腰带臂,力发于腰。发力干脆,甩臂明显。

三、刁勾直打

右刁勾向前采手并回收至自身胸前,再抱于腰间,并随即左腿向前迈步成弓步,同时身体向右侧旋转俯身,左刁勾经由自身右侧由上至下移动,手臂内旋,手腕向上呈刁勾手,紧接着右腿上步呈右弓步冲拳,左手为立掌,掌心朝右,立于胸前。(图2-5至图2-7)

图 2-2

图 2-3

图 2-4

图 2-5

图 2-6

图 2-7

要点:勾经内弧形,以肘关节为轴,勾手指尖为力点。

四、虎爪撕扯

图 2-8

右手由拳变虎爪,左手由掌变虎爪,手臂弯曲接近90度,身体略微前倾,同时向前抓握,右手手心朝内,左手手心朝外,手心相对,两手相对在自身面前抓握,右手弯曲抓握移动至右肩处,左手弯曲抓握移动至左肩处,过程缓慢而有力向两侧拉扯开。(图2-8)

要点:眼神怒目圆瞪,上身微微前倾,撕扯时,双手力至指尖,缓慢拉开。

五、抓面虎爪

手臂抓握之后由曲至伸,同时左脚上步到右脚前方,右手从面前收回腰间然后以虎爪形态向左前方抓握,左手以虎爪形态抱于腰间而手心朝前。

右腿上步到左腿前方,左手以虎爪形态由腰间移动到小腹前定住,手心朝下,右手以虎爪形态向右侧腰间收回,同时右手臂向外侧旋转180度,经过左虎爪上侧收于腰间,左虎爪从小腹前向左侧下方抓握,手心朝向斜下方。

左腿向左前方上步呈半马步,重心在后腿上,右手从腰间以虎爪形态旋转180度向前抓击,手心向前,高与面平,右肩略微向前,手臂微微弯曲,目视右手。左手以虎爪形

态移动到右臂手肘下,手心朝下,左臂弯曲约90度,身体略微前倾。(图2-9至图2-11)

图 2-9

图 2-10-1 正面

图 2-10-2 侧面

图 2-11

要点:上步腰平稳,半马步需闭气蓄劲,肘关节保持下沉。充分利用后腿蹬地的力量,抓面爪发劲由下至上。麒麟步重心放低,步伐略大,注意沉气,收胯。

六、猛虎扑食

右脚上步,双手变掌由下往上直臂摆动,在这一过程中上身随着手掌臂的摆动一起向右后方小幅度转身,使摆臂更加流畅。同时,眼跟手走,手臂摆动到头顶时,左脚上步变为半马步,双手下压,双掌变为虎爪,左臂微弯落于身体左前方,右手屈臂放于脸部右侧,手腕微微下沉,双眼目视前方。(图2-12、图2-13)

图 2-12

图 2-13

要点:上步要平稳,半马步需闭气蓄劲,肘关节保持下沉。

七、独立鹤展

　　左腿提膝绷脚面,右脚直腿独立站立,两手由虎爪变掌由下往上向身体两侧提起并升至肩上侧,掌心朝下,略高于肩,两臂微屈五指张开后,迅速抖腕下压,直臂成飞鹤勾。(图2-14、图2-15)

图 2-14 -1 侧面

图 2-14 -2 正面

图 2-15-1 侧面

图 2-15-2 正面

　　要点:左腿提膝需到腰间水平,绷脚腕并内扣,双手略高于肩,飞鹤勾五指捏拢。

八、弹腿啄击

　　左脚落地落于右脚前3~6厘米处,两膝微屈成平行步,双飞鹤勾由身体两侧变掌收回腰间,然后从腰间向前快速推出,左手在前,右手在后,左手手臂微屈,右手手臂弯曲至大约90度,成立掌且两掌掌心相对。

　　躯干微右转,右脚向前上步成右虚步,右掌以腕为轴沿逆时针方向缠绕一周,变飞鹤勾向右上方啄击,指尖朝外,目视右手。

　　躯干微右转,左掌变飞鹤勾,绕经左肩外侧向右前上方啄击,指尖朝右,与太阳穴同高。左臂微屈,肘关节下垂;同时右飞鹤勾随屈肘拉至右肩侧,指尖朝外,目视左手。

　　右飞鹤勾收回腰间,左脚上步同时右飞鹤勾向前冲出,左飞鹤勾收回腰间,右腿向前弹腿,左飞鹤勾向前冲,弹腿与地面平,绷脚面,支撑腿微屈。飞鹤勾手心朝下,冲出

时与地面平行。(图2-16至图2-20)

图 2-16

图 2-17

图 2-18

图 2-19

图 2-20

要点:以上动作要连贯,虚步定势时手脚配合要完整,躯干略向右拧转,右臂内旋,左臂外旋。飞鹤勾五指捏拢,直腕。

九、转身横勾

右脚前落,上左脚,脚尖朝左前方,右脚立刻跟步至左腿的右后方,上身向左转180度,下身呈左腿在前,脚尖朝前,右腿在左腿右后方约2个脚掌位置,脚尖朝右前方向。双飞鹤勾变掌,双手由两侧在胸口处交汇,交汇后左手向前画弧并移动至身体左侧,且直臂成掌。右手交汇后由左臂下方沿胸前转回身体右侧且直臂成掌,同时两臂成同一水平,眼睛看向右手。瞬间抖手腕,右臂微屈变为掌,掌心朝外,指尖朝向前方,左手直臂变为勾手,手心朝下,眼睛平视前方。(图2-21至图2-24)

图 2-21

图 2-22-11 侧面

图 2-22-2 正面

图 2-23

图 2-24

要点:上步要成弧形,注意脚尖外展和屈膝微蹲,眼神随右手摆动而摆动。三角步膝内扣,提裆,上体正直,重心前四后六。

十、白猴挠耳

右掌在身体右侧由下往上画圆摆动至耳旁,身体微微右转,左手由勾变掌由上往下摆动,手臂弯曲,经过头、胸,到达小腹位置并停住,由掌变为拳垂腕(猴拳可参考基本动作介绍里的拳)。同时,向右侧跳步,左腿点地成丁步,右手成拳模仿灵猴挠头。(图2-25、图2-26)

图 2-25

图 2-26

要点:要注意眼神灵动,观左右事物,转头而不转眼,同时要求要缩脖、耸肩,屈肘、屈腕、屈膝。

十一、灵猴远眺

左脚向左侧跳步,右脚跟随。右手由耳后移动至右侧且由下往上穿,移到眉处,并变为掌(猴拳可参考基本动作介绍里的掌),头左右晃动,模仿出灵猴在树上左右眺望之态。(图2-27)

图 2-27-1 侧面

图 2-27-2 正面

要点:重心降低,模仿灵猴弯腿下蹲之态,左臂放于腰间,屈腕、屈肘、耸肩,眼神灵动。

十二、猴兵卫城

右腿提膝前摆,脚尖外展跳步。左脚用力蹬地,使身体腾空。右脚先落地,左脚随后向前落步。左脚全掌着地,右脚脚尖轻点地面。右掌在身体右侧由下往上摆动至耳旁,身体微微右转,左手由上往下摆动,手臂弯曲,经头、胸,到达小腹处停住,由掌变为拳并垂腕。右手成拳,模仿挠头。

左腿向前上步,右腿跟步后单脚跪地,左手升至额头处成掌,掌心朝下,右手放于小腹处并垂腕。头左右晃动,模仿灵猴眺望远方。(图2-28)

图2-28-1 侧面

图2-28-2 正面

要点:跪步时,需含胸,重心偏后。

十三、蛟龙出海

右手由小腹前向上,掌心朝向面部,在此过程中,小臂外旋至掌心朝外,同时手腕上提,五指并拢,手心屈空,掌背鼓起,腕节里勾,掌指与掌背成角度。左手向下压于小腹处,上身模仿蛇进攻时一样微微晃动。(图2-29、图2-30)

图 2-29

图 2-30-1 侧面

图 2-30-2 正面

要点:上身正直,动作连贯协调。手腕灵活,五指并拢,目视远方。

十四、翻江倒海

右手由上向前下按压,左手向上穿到达面前后向前按压,右手向后回收,经过左手下方到达胸口处,同时上右步。右手向上穿到达面前后向前按压,左手向后回收,经过右手下方后,到达胸口处,同时上左步。左手向上穿到达面前后向前按压,右手向后回收,经过左手下方后,到达胸口处,由下至上举于头顶,同时上步成并步,提腕然后五指并拢,手心屈空,掌背鼓起,左掌下压于小腹前。手臂快速下压,手腕由提变压,掌背微鼓,左掌由小腹处上提于右臂旁,手心朝下,指尖朝前,右脚上步成半马步。上身略前倾。(图2-31至图2-33)

图 2-31　　　　　　　图 2-32　　　　　　　图 2-33

要点:动作连贯协调,由腰带手,发力连贯,身体略微前倾,步频快且步伐小。

十五、灵蛇连击

左腿向左前方上步变为半马步,两手手心朝下,左手弯曲向右侧移动经过右手上方,右手直臂向左侧移动,在胸前交汇,交汇后左手逐渐伸直停于身体左侧,右手开始弯曲,至左手手肘下停止。左手由交汇后,向前方画圆,到达左肩前,成蛇头掌。(图2-34、图2-35)

图 2-34-1 侧面　　　　　图 2-34-2 正面　　　　　图 2-35

要点:上身似蛇一样微微摆动,上身微微前倾,动作连贯有力,似蛇进攻快速敏捷。

十六、收势

向右侧跨步，双手为掌由下往上举至头顶，双臂直立。左腿向右侧跟进成并步，双手向下按掌于腰间。(图2-36至图2-38)

图 2-36   图 2-37   图 2-38

要点：两脚并步站立，两臂自然下垂，五指并拢，贴于体侧，目视前方。

|且行且思 | ?

(一)天生我才

创编动作：象形拳的招式以及招式的命名都颇具特色。请以本节象形拳套路动作及其名称为借鉴，观察2~3种动物，模仿动物在进攻或者防守时的动作，并给这些动作命名。大胆发挥想象，进行创新。

(二)视频拍客

参照本节教学视频，你可以尝试制作教学短片，并上传至视频网站，制作二维码方便他人扫描观看。

第三节　象形拳技法的运用

本套路创编的象形拳动作是在模仿动物的运动特点基础上,再将技击攻防的运动形式融入其中。不仅起到了锻炼身体各个部位的作用,而且可用于在实战练习中。因此,在一招一式练习动作的同时,还要理解其攻防含义,将攻防动作潜意识化,才能将所学套路灵活运用于实践中去。

一、螳螂拳的实战运用

螳螂拳在武术界占据不可撼动的地位与它的技击功法、实战运用有着密不可分的关系,在本章成套武术动作中被编排进起势及开头一、二式动作,便可见其重要性。

常言道:"一个好的开头往往起到事半功倍的作用",起势中左右手均成掌,两掌心朝前,手臂微屈,由腰右旋带动手臂,两手同时由左侧腰间经身体正面向下有力且缓慢地将至右侧腰间,右脚向正右方跨出,成四六步。其动作简洁大方,以防守为主,并为接下来的攻击做好充分的蓄力准备。在《少林衣钵真传》中提到了"对敌要紧,手法总敌,即螳螂打也",此处"螳螂打"的具体方法打法就是"见刚而提步,回手而贴壁。起手而即双棍,中心而出手。见截手而偷手,偷手而入肘,入肘而崩捶,崩捶而即换步,换步而直通,遇直通而即磕,逢磕手而即滚,若滚而即双勾,逢勾而即入手。见入手而即崩砸,遇崩砸而即闪步,遇闪步而进护眼,见护眼而进底漏,遇底漏而即采手,遇采手而即粘拿,逢粘拿而入头捶,逢头捶而必下底势,逢底势而即双手过脑。打下而取上,取上而即捎打下,打左须防右,打右必防左。招之即打,打之即招,连招带打,连打带招[①]。"因此,起势的实战运用就在于当对手从正面出拳攻击时,我方瞬时迈出马步固定重心,同时带腰出手可顺势将其手臂握住拖至右侧腰间,拉长对方的攻击距离、消除攻击的力点、闪避进攻路线,从而使得对手失去重心向我方的右侧下方倾倒,倾倒的幅度取决于我方双手使用的力度。力度越大,对手越失去重心向前倾倒,身体各部位在一瞬间将完全无法自主发力。因此,在成套动作的伊始,战局就将被我方控制。

在此动作的基础上,将向对手发出快速攻击:左髋迅速顶出成弓步,双手成螳螂刁勾,均从右侧腰间蓄力后向对手发出攻击。攻击时,手臂与手腕迅猛有力、干净利落,手指攻击的力点准确,就如两把锋利的镰刀一般,打上取下、打下稍上,左手攻击对方腹部,右手攻击对方颈部(图2-39)。当对方受到攻击并随之将做出防守或攻击动作时,我方将发挥"式快招连""一招变三"的螳螂拳拳术特点,紧接第三式动作,使对方受到连续攻击。

图2-39

---

①甘泉.山东螳螂拳发展研究[D].武汉:华中师范大学,2018.

在刁勾直打动作中,右手向前采手并回收至自身胸前,并随即左脚向前迈出弓步,目的在于抓住对方右手臂并向回拉,且以抵挡的方式限制对手的脚下移动空间,使对手第二次失去重心,向对手实施贴身控制进攻;同时身体向右侧旋转俯身,左手臂向上旋转,手腕向上刁勾,攻击对方下腹部或大腿部位;紧接着右腿上步,弓步冲拳,向对方下颚或胸部进行连环攻击。(图2-40、图2-41)

图 2-40

图 2-41

在本套路中螳螂拳主要以短打进攻为主,整个过程行动如风、紧凑连贯,通过起势的防守、稳固及蓄力和二、三式的爆发连环攻击,给予对手充分的实效性打击与震慑,将螳螂拳"张如弛、缩如球"的发力特点和"流水打、八挂打"的动作方法以及"明暗结合、刚柔并济、和谐统一"的运动风格发挥到淋漓尽致,并为接下来的其他拳法练习打下坚实的基础。

二、虎拳的实战运用

拳谚道:"动如虎,站如松;扯钻捶,掏心冲,闪光眼,腿生风;掌劈山,肘闯钟。"此句描述的正是虎拳的技击风格,在实战练习中,其技击风格通过攻防的运动形式,被完全表现出来。

虎爪撕扯在本套路刁勾直打的基础上形成,两手成虎爪,手臂弯曲,身体前倾时即刻向前抓握;右手手心朝内,手臂弯曲抓握至右肩处,左手手心朝外,手臂在抓握后缓缓由曲至伸。此动作蕴含攻击与防守两层技击意义:(1)右手抓握可抓住对手上衣将其拉回至身旁,使对手的躯干与下肢都失去自主控制,以便接下来进行贴身攻击;(2)两手弯曲可抵挡对手在被抓住上衣时使用两手对我方进行攻击,从而起到保护自身面部与躯干的作用。所谓劲力,就是需要在快与慢之间利用一松一紧来寻找充沛而精准的发力点,此动作虽慢,但可使自身发挥出最大的指力、腕力以及臂力,从而起到锻炼的作用;而且,在缓慢运行的基础上可让体力得到调整,并为之后的快速发力攻击而将蓄力做到最大化。

抓面虎爪由两个步法(上步、麒麟步)及两个步型(马步、弓步)组合而成,并且每一个步法和步型都拥有一个相对应的攻击形式,可见抓面虎爪将发挥出很高的连续攻击性。首先，上步左右出爪功，可攻击对手左右两肩并向前压迫制造惯性，使对方受击后退，可起到以下两个作用：(1)弱化其攻击；(2)不给对手还击之机会，使其处于被动之状态。随后即接麒麟步两手内向抢爪，麒麟步可起到快速攻

图 2-42

图 2-43

击和躲闪作用，配合手臂的向内抢爪，化解对手面向我方的攻击之力，并瞬间接马步按爪动作，用左手将对手的攻击之手完全扣按住；最后弓步推爪，由腰带肩、由肩带臂、由臂出爪，给予对手躯干部位狠狠一击。整个过程中力量短促爆猛、步伐稳健。(图 2-42、图 2-43)

　　猛虎扑食动作中由腰带臂成马步，两爪朝下，两臂朝前，提肘而扑，双臂可充分利用自上而下且从后至前的力臂与惯性强而有力地向对手上半身砸出。配合马步的稳固，使我方在攻击或对方给予反击时，都能牢牢控制住自身重心。其动作同样利用手腕与手指的发力，使对手受到比拳更具有攻击性的爪力。

　　俗语有言："动要有猛虎下山之势，行要有秋分扫叶之功，停要有深潭湖水之静。"与以上三式动作中的"攻、进、定"相对应，每一个动作都有其技击意义，正说明了虎拳不光要做到刚猛有力，更要势势意连形随、刚柔并济，才能在实战中充分发挥其积极作用。套路的编排连贯流畅，发力顺达，动作之间没有一点拗劲，练习者在练来"用"的目的下，可提高其兴趣并增强其实战能力，达到防身又健身的效果。

三、鹤拳的实战运用

　　本套路的鹤拳运动形式是在同时与两至三人实战练习的基础上创编而成，风格独特并立足于实践，每一式动作之间连接紧凑。又因其发力富有弹性，是一种瞬间爆发的寸劲，所以鹤拳在实战技击中简便实用，一招一式毫无多余，直攻对手身体要处，拳势猛烈。并且，在平日坚持专心刻苦练习之后，还可促进身体各部位的柔韧性得到进一步提高，肌肉的弹性与活动性、神经肌肉的反应速度和收缩力也将显著增强。

　　在独立鹤展动作中，左脚提膝独立，两手分别从两侧同时侧起至头部上方两侧，五指张开后快速倒腕成飞鹤勾。在实战运用中，左脚提膝可通过膝盖的快速发力而攻击面前对手腹部，其力度加上膝盖的硬度，可一招制敌；面对处于进攻状态下的对手，也可起到很好的防守与反击作用。两手侧起的亮翅动作，意在防御左右两方对手发起的进攻：由臂带腕，可向上拨开并化解对方进攻之手，快速向下倒腕，可利用五指的寸劲攻击对方进攻之手。其动作将四肢中的三个部位都有效且同时运用到实战中，每个部位独当一面。在以一敌多的实战练习中，可以此动作为基础，缓解对方多人的同时进攻，是

自己接下来将发出反击动作的前提条件。

在弹腿啄击中，首先，左脚落于右脚的左侧前方成平行步，左右手均弯曲于胸部正前方，右手稍比左手弯曲较多，两手心向内而对。此动作是在独立鹤展的基础上对面前的对手反击动作的抵挡，无论对手是用腿反击我方腹部还是用手反击我方腹部以上部位，我方都可以用双手臂的对夹来抵挡对方的攻击，其手可随对方反击方向而上下移动，但万变不离其宗，并为之后的连续攻击做好发力上的准备。而后的连续攻击动作是对周围对手发出的一次无间断性的猛烈进攻。在平行步动作完成之后，若此时只存在前方对手与右方对手，通过右脚上步来配合身体快速转向右侧，右手腕通过飞鹤勾来拨开右方对手的攻击并用左飞鹤勾反击对方上半身。若此时前方、左右均有对手，则可通过此动作的带腰快速左右转换（身体转向左侧，左飞鹤勾拨开左方对手的攻击，并用右飞鹤勾反击对方上半身）而进行反击。因此，其动作也可随实战情况的变化而变化。在完成对侧方对手的反击之后，继续前行，上步出手成飞鹤勾，利用手背冲出而正面攻击对手。然后紧接上步弹腿出手，脚上动作配合飞鹤勾手背，力达拳面和脚尖，攻击前方对手的腰部以上的两点部位（图2-44至图2-46）。由于此动作向前运行的惯性与弹腿出手由屈到伸的发力，可对前方对手给予较强的打击。以上对侧方的防御反击和前方的上步突击动作正因为是在极短时间内完成，所以会兼顾应对周围每一位对手，并给予他们以措手不及的进攻，所以此动作在动作规范、发力充沛、力点准确的同时，还需以迅雷不及掩耳之势快速打出，以免让周围对手获得反应时间，找到我方无防守部位之处，对我方发起进攻，导致战况由主动变被动。

图 2-44　　　　　　　　　　图 2-45　　　　　　　　　　图 2-46

转身横勾在弹腿出手的动作基础上，随即转身落腿、紧接两手穿掌、含胸曲臂环抱于胸前之后左右展臂打开，其动作是在弹腿啄击后，为预防面前对手的反击和身后对手追上我方进行攻击而做出的完美防守动作。为了抵挡前方对手反击，穿掌初始，右手自身体右侧出掌运行，经前方由腰部带动横向画圆至胸口，可将对手的出手反击动作侧击抵挡。然后顺势转身蓄力并低头（可避免对手攻击我方重要部位，将躯干和面部牢牢护住），左右展臂。其实战运用在于，右手略高于头顶，抵挡右后方对手对我方进行从上往下的砸拳攻击；左手高度与肩膀持平，可抵挡左方及左后方欲贴身进攻的对手。此动作还可根据实战情况而调整、变换双手高度与力点，提高防守的精确性。若对手反应过慢，还会受到我方展臂发力动作的攻击，因此动作过程也是防中带攻、攻中带防。整个转身横勾动作，因为主要由腰部与手臂来主导身体运动及攻防形式，所以，在转腰时必须做到轻快灵活、劲从腰起，防守时必须做到含胸拔背，发力时必须做到干脆有力，不拖泥带水。只有达到此要求，才能使动作本身的攻防技击作用得到充分而有效的发挥。

四、猴拳的实战运用

在本套路中，以猴拳灵敏善变、出手脆快的特点为基准，创编出三式机动性、防守性极强的动作。其三式动作意在防止对手进攻而受到伤害，同时也为之后自身蛇拳的进攻做好了坚实的铺垫。

在白猴挠耳动作中，两手依次在面前的摆臂以及小跳步成丁步，右手挠头，左手回收至小腹的动作充分展现了灵猴在运动时的基本形态。本套路在兼顾其基本形态的同时，将富有攻防技击含义的动作姿势也编入其中。首先，左右手臂微曲，依次在面前做摆臂的动作，可很好地抵挡、化解对手出拳、出掌等上体部位发出的攻击：右手摆臂拨开对手右手，左手摆臂拨开对手左手，手臂的微曲使手臂发力更加顺达通畅，从而达到最佳的防守效果。（图2-47）

图 2-47

然后，人体侧身成丁步，左手曲臂收回，由于全身的蜷缩，将身体重要部位都裹在内部，使对手找不到攻击之点，无从下手。右手还可随敌人攻击我方头部的位置而左右变换，起到格挡作用。在防守的同时，双眼也在仔细观察周围环境、对手破绽，从而预判对手会攻击我方哪一部位。

在灵猴远眺动作中，右手向外抡臂同样起到、化解对手的出手攻击的作用。加上向左迅速开步、跟脚、转身三个动作的配合，可充分躲闪对手的攻击，在化解并躲闪对手的攻击之后，继续利用猴兵卫城的动作进行躲闪防守。在猴兵卫城动作中，首先继续运用白猴挠耳动作中的向右转身小跳及向前依次摆臂格挡来躲闪、化解对手的攻击。然后，快速向前的单膝跪地动作会造成人体重心急速下移，使对手

图 2-48

在忙于攻击或寻找我方上半身破绽时因我方全身已蹲下蜷缩忽略下方位置而扑空。左手升至额头成掌，右手曲臂放于小腹于并配合头部的左右晃动，可预防对手站立使用腿部攻击我方头部与躯干部位。（图2-48）

以上三式动作中，步型由三次丁步及一次单跪步配合组成，由此引申出的屈腿、曲

臂、屈身、左右快速移动的变幻莫测的动作，就如灵猴一般在大树之间穿越跳动，使在树下的人们无法找到其运动方向、方式的规律，更无法预判或精确瞄准其具体运动位置。

五、蛇拳的实战运用

众所周知，无论在武侠影视中还是在动作游戏里，作为自身绝招、撒手锏的技能总会在最后一个动作时使用，蛇拳亦是本套路的"绝招"。将此拳种放在最后动作收尾，利用猴拳防守的基础与对手防守的空当之处，后接蛇拳进行猛烈攻击，可达到"一防一攻"完美的技击效果。

在蛟龙出海中，由屈蹲姿势上步站立，右手掌尖从腹部向上穿至头顶，左手向下压于小腹处，其攻防含义在于上步用躯干部位撞击并近身于对手，左手可格挡对手的攻击，右手高举头顶蓄力，为接下来蛇拳第二式的连环攻击打好坚实基础。

翻江倒海是在蛟龙出海快速蓄力完成、找准时机后，以全速上步利用屈伸而出的手臂轮流戳向对方面部，力达指尖，最后一步为从上往下的灌顶下砸，其左右手连环攻击顺序为：右掌→左掌→右掌→左掌→（蓄力）→右掌。（由于攻击面部危害性较大，练习时可以攻击胸部为主）在左右掌各戳向对手两次后，因其攻击力度大，攻击次数多，对手多已无力还击或不能及时采取防守抵挡措施，我方利用这一空当时间（1秒）再次站立起手蓄力。然后，以自身绝对力量成掌下砸而出，给予对手最后的打击。（图2-49、图2-50）

最后，下落成半马步起到缓冲作用并稳固自身重心；右手微曲成掌直指前方，左手弯曲成掌置于有胸口，为预防对手出乎意料的反击而做好准备；右手的"画圆"以迷惑对手，使其猜不透我方接下来会以何种方式主要进攻其身体何处。（图2-51）

图 2-49

图 2-50

图 2-51

翻江倒海动作与第二式最后半马步的动作相对称，上前一步后继续做好姿势与步型，其目的是更进一步观察受猛烈攻击后的对手欲有何种动向，并随时做好抑制其反击的准备。

本象形拳套路主要用于个人的健身练习以及双人或三人的实战对抗演练，提取螳螂、虎、鹤、猴、蛇五种动物的运动方式及神态风格的精髓，并将其注入我国传统武术最核心的"攻防"技艺,以全新面貌展现于世人眼前。其目的在于通过练习此套路强身健体、促进骨骼生长发育和心血管功能的改善,同时了解并深入感受人与自然的相互联系及我国传统文化的巨大魅力。

|且行且思|

(一)见招拆招

技法实战:技法是武术的核心要素之一。请根据本节所讲的技法,选取其中你最擅长的3~4个技法与同学之间相互练习,注意安全,不要受伤。

(二)名战赏析

通过视频网站搜索"2019年全国青少年武术套路锦标赛传统拳术",观看和你同年龄的学生的拳术表现,他们的武术水平如何?

第三章 刀术

第一节 刀术概论

一、刀的历史发展介绍

刀是中国十八般兵器之一,百兵之霸主,也是出现最早的兵器之一,是一种单面长刃的短兵器。刀由刀身和刀柄组成,刀身较长,脊厚刃薄,利于劈砍。

刀在我国历史悠久,最早可以追溯到旧石器时代。那时,古人类就用石头、蚌壳、兽骨打制成各种形状的刀。他们选用的石头多半是石英石、砂岩,也有燧石和水晶石。用这些石料打制成的石刀质坚棱利,是很好的砍劈工具。其次是用蚌壳和兽骨磨制的蚌刀、骨刀,这类刀轻便锋利,适于砍削器物。古人不仅用刀作为劳动工具,还随身携带作为防身自卫的武器。

夏朝时,随着冶铜术的发展,青铜器渐渐进入了人们的视野中,此时,便出现了用青铜制作的青铜小刀。那时的青铜刀质地较脆,缺少韧性,劈砍时容易折断。与同时代的铜剑相比,刀的做工粗糙,形体笨拙,远不如铜剑精巧锋利。因此,在夏、商、周时期的战争中,刀的作用不大,兵家也没有研究如何利用刀去有效地进攻和防守。这个时期,刀仅仅是作为防身器具来使用,甚至是作为赠物用来收藏或欣赏。春秋战国时期亦是如此,因冶炼技术的落后,刀的长度远远不足,因此军队中,刀很少出现。

西汉时期,随着钢铁的问世,刀的制作工艺也得到改善,刀身也逐渐加长,并且已经将刀分为佩刀和战刀[1]。佩刀讲究式样别致,镶饰美观;战刀则注重质地坚韧,做工精良。在骑兵作为主力的战场上,适于劈砍的刀逐渐成为最有利的兵器,因此刀成了最主要的兵器之一。最通用的刀要算"环首刀",这种刀便于在骑战中抽杀劈砍,是一种实战性较强的短兵器。

据《唐六典》记载,唐朝的刀制有四种,"一曰仪刀,二曰鄣刀,三曰横刀,四曰陌刀"[2]。仪刀是皇朝禁卫军使用的武器,鄣刀是一般官吏佩带用刀。军队中实战主要用横刀和陌刀两种。据《新唐书·兵志》记载,横刀是每个士兵必备的兵器,陌刀则是盛唐以后流行的兵器[3]。

明朝时期,日本倭刀展示出了强大的杀伤力,中国军民深受其害。当时不少优秀

---

①谢宇,唐文立.中国古代兵器鉴赏[M].北京:华龄出版社,2008:8-9.

②[唐]李林甫,等.唐六典[M].陈仲夫,点校.北京:中华书局,1992.

③[宋]欧阳修,宋祁.新唐书[M].北京:中华书局,1997.

的军事将领和民间武艺家,通过各种渠道努力学习日本刀法,戚继光是日本刀法的积极引进者。在长达十几年的时间里,他在军队中积极推广日本刀法,并且逐步摸索出了一套切实可行的训练教程,在兵学名著《练兵实纪》中有记载[①]。

辛亥革命以后,随着西方枪炮的引进,刀作为冷兵器逐渐退出了历史舞台。

所谓"术",是指技术、手段和方法,古人利用刀狩猎或削砍物体,就是一种简单的"刀术"。如今,刀术已经成为武术运动中的一种短兵器,是全国武术竞赛项目之一,也是亚运会、世界锦标赛的武术竞赛项目。

二、刀术的运动特点

刀作为单刀短兵器,其优势在于劈砍,此外还有撩、刺、截、拦、崩、斩、抹、带、缠、裹等刀法,招式技法虽然变化万端,但都有着相似的特点。其运动特点可分为以下几点。

(一)刀若猛虎,其势尚猛

首先。在持刀作战的过程中,作为短兵器的刀,在长度上有一定的局限性,"短兵利在速进",因此只有迅猛地接近敌人,才能发挥刀的作用。其次,刀刃薄而刀背厚的形制使得劈砍成为刀的主要攻击手段,这需要迅捷的速度和刚猛的力量才能奏效。武术大家常用猛虎之势来形容刀术的运动,其"猛"表现在身法灵活多变,以躯干来带动刀的运动,以助刀发力;跳跃轻灵,步法迅捷;眼法敏锐,挥刀快速勇猛。

(二)刀手配合,身械合一

拳谚所讲的"单刀看手"指的就是武术运动中,一只握刀运动的手与另外一只不握刀、协助发力的手相互配合。在运动中两只手相辅相成,运用得好不仅有助于维持运动中的身体的平衡,还有助于刀法力量在运动中的发挥。

刀术强调用整个身体来带动器械的活动,"刀不离身左右前后,手足肩臂与刀俱转",肩肘腕,足膝胯,以及胸腰,都须与刀法配合,使身体和刀相协调。只要是刀在运动,就应做到以身带肩、以肩带臂、以腕制刀、腰腿助力。如果身腰不活,肩肘腕僵硬,不能形成整体活动,身械也无从协调,刀法也无从发挥。因此,刀术的练习,必须时刻注意身体与刀的配合协调,以达到身械合一。

(三)刚柔兼用,诡秘莫测

人们通过不断的实践发现,刀虽勇猛,但猛中有细、刚中有柔、有虚有实,可谓变化莫测,"刀走黑"就形象地刻画了刀法的诡秘性。一般说来,刀术中的防守闪避动作宜用柔,以达到化解来劲的作用,进攻动作宜用刚,出势迅猛,一气呵成,并且在进攻时

---

①[明]戚继光.练兵实纪[M].北京:中华书局,2001.

可以虚实结合,声东击西,以达到出其不意的效果。

且行且思

(一)学而思

根据本节所学内容,思考:刀术和剑术的差别是什么? 历史上不同形制刀的用法是怎样的?

(二)"纸上谈兵"

刀剑的形制往往决定了它的功能。请发挥想象,根据自己的喜好,手绘或电脑绘制刀或者剑,并图文注解它的形制和用法。另外,同学之间用自己所设计出来的刀剑进行"纸上谈兵",看看自己所设计的刀剑的优缺点是什么,能否有效克制其他同学设计的刀剑。

第二节　刀术完整套路解析

一、起势

1.身体自然站立,双脚并拢;双臂自然下垂,两手放在大腿两侧,左手抱刀;眼睛平视前方。(图3-1)

要点:注意站姿,做到抬头挺胸,双目炯炯有神。

2.双手从左右两侧向外向上举,两手交汇于头顶上方,双臂微弯,右手接过刀把;同时,头上仰,目视双手交汇之处。(图3-2)

要点:双手上举时要迅速且一致,右手接刀时做到精准、利落,避免掉落;头与手的动作同时进行,做到手到眼到。

图 3-1　　　　图 3-2

二、弓步缠头

1.右腿屈膝略蹲,左脚向左上步;右手持刀使刀背贴身从左绕向身后;头向左摆,目视左方。

要点:缠头时,刀背必须贴着脊背绕行。

2.上身左转,右腿挺膝伸直,左腿屈膝半蹲,成左弓步;右手持刀手心朝上,在上身左转的同时从身后向右、向前、向左肋处绕环平扫,手心朝下,刀背贴靠于左肋,刀身平放,刀尖朝后;左臂向上伸直,贴于左耳旁,左手变为横掌,掌心朝上。(图3-3)

图 3-3

要点:扫刀时,刀身必须平行,迅速有力。

三、虚步藏刀

1.上身右转,左腿伸直,右腿屈膝;右手持刀,手心朝下,在上身右转的同时从左肋处向右平扫,刀背朝前,左掌随之向左侧平落,手成立掌,掌心朝左;目视刀身。

要点:平扫时,刀要迅速水平地向右移动,眼睛随刀的移动而移动。

2.左脚后收半步,膝关节微屈,右腿屈膝略蹲;右手持刀,顺着之前扫刀的力量使右臂向外旋转,手心朝上,使刀背向身后平摆贴于身体后背,刀尖朝下,向左肩外侧绕行;同时左手经体前向下、向右肋处弧形绕环。目向前方平视。

要点:做裹脑动作时,刀背一定要紧贴身体后背,注意左手和右手的同步与协调。

3.右腿屈膝半蹲,左腿微屈膝,左脚前脚掌点地,成左虚步,右手持刀从左肩外侧向下、向后拉回,肘略屈,刀刃朝下,刀尖朝前;左手随即向前成侧立掌平直推出,掌指朝上;目视左掌。(图3-4至图3-6)

图 3-4

图 3-5

图 3-6

要点:步型和手上的动作要同时开始、同时结束,要求干净利落、一气呵成。

四、弓步劈刀

1.左脚向右脚并步,左脚脚尖点地,双腿微微弯曲;右手手腕向后转动,使刀尖朝后下方,刀身与手臂成一条直线,同时左手经体前向下、向右肋处弧形绕环,成立掌置于右胸前;目视刀身。

要点:此动作柔慢,注意把握节奏,眼随刀走。

2.左脚向左跨一步;同时,左手经体前向上、向左摆出;目视左手。

要点:眼睛跟随左手而动。

3.身体向左转,重心前移,右脚向前跨出一大步;同时右臂外旋使手心朝上,右手持刀向上、向前劈出,左手顺着身体转动之势落于左大腿旁;目视刀身。

要点:劈刀时,右手手臂一直保持伸直状态。劈刀需速度快,劲力充沛。

4.身体向左转并前倾;右腿弯曲,左腿蹬直成弓步;右臂内旋,右手持刀经体前向下、向左肋处绕环,刀尖朝上,刀刃朝后,同时左手经体前向下、向右胸处绕环,成立掌;目视后上方。(图3-7至图3-10)

图 3-7 　　　　　　图 3-8 　　　　　　图 3-9

图 3-10-1 背面 　　　　　　图 3-10-2 正面

要点:身体重心前移,注意保持稳定。

五、裹脑丁步按刀

1.身体立直,向右旋转;右手持刀,手心朝下,在上身右转的同时从左肋处向右平扫,刀背朝前,左掌随之向左侧平摆,手成立掌,掌心朝左;目视刀身。

要点:平扫时,刀要迅速水平地向右移动,眼睛随刀的移动而移动。

2.右脚向后小跳一步,左脚紧跟;右手持刀,顺着之前扫刀的力量使右臂向外旋转,手心朝上,使刀背向身后平摆贴于身体后背,刀尖朝下,向左肩外侧绕行;同时左手经体前向下、向右弧形绕环,与刀相汇后按到背上。

要点:注意向后跳时做到敏捷灵活。做裹脑动作时,刀背一定要紧贴身体后背,注意左手和右手的同步与协调。

3.两腿微微弯曲,左脚脚尖点地,成丁步;双手向下按压,刀刃朝下;目视刀身。(图3-11至图3-13)

图 3-11-1 侧面　　　　　图 3-11-2 正面　　　　　图 3-12-1 背面

图 3-12-2 正面　　　　　图 3-13-1 背面　　　　　图 3-13-2 正面

要点:按刀时发力干净利落、一步到位。

六、提膝架刀

1.右手持刀收回腰间,同时左手经体前向下、向右肋处弧形绕环。

要点:右手一定要收回到腰间。

2.右腿蹬直,左膝上提,膝盖朝左;右手持刀从腰间向上推出,刀刃朝上,刀尖朝左,右臂伸直;目视左方。(图3-14至、3-15)

图 3-14-1 背面　　　图 3-14-2 正面　　　图 3-15-1 背面　　　图 3-15-2 正面

要点:提膝要快,注意身体协调,保持重心稳定。

七、弓步撩刀

上身左转,左脚下落,右脚向左侧上一大步,左腿挺膝伸直,右腿屈膝半蹲,成右弓步;左掌在右脚上步的同时继续向下、向左、向上圆形绕环,至身后成斜上举,掌心朝上;右手持刀随右脚上步的同时向下、向左侧撩起,刀刃斜朝上,刀尖斜朝下;目视刀尖。(图3-16)

图 3-16

要点:以左手带右手,撩刀要贴身;先转身体,再右脚上步,眼随刀动,力达刀刃前部。

八、后插步反撩

1.上身左转,右腿蹬直,左腿屈膝;同时右手持刀从右向上、向后弧形绕环,左掌屈肘收于右胸前;目随刀转。

要点:做此动作时注意身体重心向左腿移动。

2.上身右转,左脚从身后向右侧插步;右手持刀继续向下、向右反臂弧形绕环撩刀,刀刃斜朝上;同时左掌向左侧成横掌推出,拇指一侧朝下,掌指朝前,肘略屈;目视刀尖。(图3-17至图3-18)

图 3-17

图 3-18

要点:动作幅度要大,注意撩刀时贴身,撩刀路线要正确;动作熟练后必须连贯完整,插步与反撩同时完成,眼随刀动。

九、马步平劈

1.右腿向右横跨一步;同时右手持刀向下、向左上方弧形绕环,刀尖朝下,左手上举与右手交汇于右手腕处,刀尖向下;目视刀尖。

要点:手脚动作同步,重心稍往左移。

2.两腿屈膝半蹲成马步;右手持刀从左向上、向右劈下,刀尖稍向上翘;左掌在头顶上方屈肘成横掌;目视刀尖。(图3-19、图3-20)

图 3-19

图 3-20

要点:转身、劈刀要快,眼随刀尖而动。

十、缠头蹬腿

1.双腿蹬直,身体左转;同时右臂内旋,向左屈肘使刀背贴身从左绕向身后,左手屈肘回收至右胸前;目视前方。

要点:身体旋转时保持协调、稳定。

2.身体继续左转,右膝上提,膝盖朝右;同时右手持刀从背后向右、向前、向左肋处绕环平扫,至左肋时顺扫刀之势臂内旋,使刀背贴靠于左肋,刀尖朝后;同时左掌屈肘上举至头顶上方成横掌;目视右方。

要点:提膝要快。缠头时,刀背必须贴着脊背绕行。扫刀时,刀身必须平行,迅速有力。

3.保持身体不动,右脚脚尖上翘,用脚跟向前上方蹬腿;目视脚尖。(图3-21至图3-24)

图 3-21

图 3-22-1 侧面

图 3-22-2 正面

图 3-23

图 3-24

要点:蹬腿脚尖勾紧,发力迅速。

十一、弓步斩刀

1.右脚向前落步,身体保持不动。

要点:落步要轻,注意保持身体平衡。

2.左脚向前跃步,右脚趁势提起,上身在跃步之同时向右后转;右手持刀手心朝下,随着转身平扫一周,左掌从上向左后方平摆,掌心朝上。

要点:步伐轻盈,刀平扫时要保持水平且有力。

3.右脚向后落步,右手持刀臂外旋,使刀从右肩外侧向后绕行。

要点:刀背要紧贴身体后背。

4.左掌从左侧向下、向右肋处弧形绕环后成立掌置于右胸前,右手持刀从背后向左肩外侧绕行。

要点:左右手动作同时进行,整个动作在跳跃中进行,要注意保持稳定。

5.身体向右转,右膝弯曲,左腿蹬直成右弓步;右手持刀顺势从左肩向右水平斩出,刀尖朝前,同时左手向后斜上方撩出;目视刀尖方向。(图3-25至图3-28)

图 3-25

图 3-26

图 3-27-1 背面

图 3-27-2 正面

图 3-28

要点:斩刀时,要以身带刀,借助身体旋转的惯性斩出。

十二、收势

1.身体左转,右腿蹬直,左腿微微弯曲;左右手同时屈肘向左胸前收回,右手拳心向下,刀尖朝左,左手接刀,手心向上;目视双手。

要点:接刀要干脆利落,手要握稳,防止掉落。

2.身体右转,左腿蹬直;同时右手向下、向右弧形摆动至正上方,贴近右耳,指尖朝上,左手下落至大腿旁;目视右手指尖。

要点:眼随手动,重心移动到右腿。

3.左脚向右脚靠拢,并步直立;同时右手从右耳一侧下按落,掌心朝下,手臂略弯曲;头左摆,目视左方。(图3-29至图3-31)

图 3-29　　　　　　　图 3-30　　　　　　　图 3-31

要点:右手按压、头部左摆和并步要同时完成,干脆有力。

且行且思

(一)"倚天屠龙"集

刀和剑有着类似的形制,想一想:刀术的技法能否用于剑法? 如果以刀化剑,剑的威力能否展现得淋漓尽致?为什么?

(二)名战赏析

通过视频网站搜索"2019年全国青少年武术套路锦标赛男子器械",看看跟你同龄的朋友是如何使用刀、枪、剑、棍的。

第三节　刀术技法的运用

本套路的每一式动作,不仅能起到锻炼力量、速度、灵敏、协调等身体素质的作用,而且其每一动作招式存在着技击攻防的实战运用。刀刃、刀尖攻击,如缠头、扎刀、劈刀;刀背防守,如裹脑、带刀。武术单刀其器械本身的结构特征配合含有攻防意义的刀术运行方式,可在实战运用中发挥巨大的作用。

一、缠头裹脑刀的实战运用

起势是刀术套路的开始,普遍以左手持刀托住护手盘为规范,其作用就在于将双手举起的同时,将刀过渡于发力相对较大的右手,右手瞬时握住刀柄,做好接下来练习或实战的准备,并为下一式弓步缠头的顺畅发力打好预备基础。

弓步缠头,其刀身由左背经后背,身体右侧方、正前方,最后到达身体左腋下。刀身在经身体后方与右侧的时候,其目的是当刀身运行至身体前方与左腋下时将惯性与力度发挥到最大化。当对手持械站在我方面前欲施以攻击时,我方可利用缠头动作平扫对手腰部进行抵挡或反击。(图3-32)

图 3-32

配合弓步的上步动作缩短进攻距离给对手造成近身压力,并能稳固自身重心,防止向前平扫发力时左右摇晃。拳谚中"单刀看闲手"所讲的是要注意未持械之手(左手)的运用,因为只有左右手的相互配合,才能使整个动作运行顺遂协调,劲力顺达通畅。又因其为短器械,所以要求步快身灵、进退迅疾、长远出击。在双脚与持刀之手(右手)处于运动的同时,与它们相配合的左手亮掌于头顶,意在预防单手使用器械的对手利用另一只手自上而下对跨出弓步而重心相对较低的我方进行徒手攻击,起到上挡下攻或上挡下挡的作用。在成套动作的开头就将给予对手无懈可击的动作形式和定会战胜对方的必胜气势。

虚步藏刀是在弓步缠头的动作基础上继续进行二次进攻和防守的动作。首先,右手持刀,刀刃朝外由左腋下向右平扫至身体右侧,力达刀刃;同时,下半身左脚快速回收并点地站立。其攻防含义在于:向右平扫而攻击对手,若对手此时动作也为进攻动作,我方配合脚下的灵活回收而带动身体的后移也可达到抵挡进攻的效果。(图3-33)

图 3-33

然后,手臂外旋上举,刀尖朝下,刀背沿右肩贴背绕行至左肩,着力点转为整个刀身,左手配合右手动作而回收至胸前成掌,形成两手将身体包裹之势。在实战运用中,其动作主要作用是在面对多个对手同时进攻的情况下,利用刀身对身体外沿的格挡,对自身身体侧方和后方进行保护。(图3-34)

图 3-34

最后,左脚迈出并脚尖点地成虚步,右手的刀身由左肩经身体前方躯干部位而运行至身体右后方,左手作为配合,向前快速推掌。其动作意在继续发挥防守的作用,向右侧身闪避对手的进攻,左手的推掌向对手进行抵挡或攻击,拉开一定身体距离,为之后反击做好充分的准备与蓄力。而且,当刀背运行至左肩后部时,还可根据外部情况的变化而改变动作招式:如采用侧云刀,可通过自左向右的横扫增大对正面对手的防守与攻击力度;

采用右侧剪腕，也是通过自上而下的单身运行来进行格挡与攻击。以上，正印证了刀术动作千变万化、有虚有实、有奇有正的运动特点，刀术的实战运用正是充分发挥了此特点才将攻击和防守变化自如、效果最大化。

二、弓步劈刀、裹脑丁步按刀、提膝架刀的实战运用

此三式动作包含了本套路中最富有攻击性的动作和最灵活的防御动作，在编排上具有极好的技击意义，练习此三式动作，可培养进攻与防守之间快速转换的身体肌肉的记忆、协调能力。

弓步劈刀接虚步藏刀动作。首先，身体向右后侧方转身同时带动左手回收，左脚也随之回收成丁步。由于全身的向后回收及腿部的微屈蹲，可将自身蓄力程度大幅提高，主要表现为以下三点：(1)加大了肌肉的收缩，肌肉舒张时可释放出更大的力气；(2)拉长了手臂运动路线，使后接动作的惯性提高，从而产生更大的力气；(3)由腰带臂的动作可使手臂发挥出更大的力气。回收之后，待蓄力已基本完成时，紧接着向前快速上两步成弓步劈刀动作。在出刀之前，左脚上步与左手向前抡臂动作极为重要，可配合右手的出刀而引出更大的力气，更可以使腰部能够充分协调地转动。出刀时，右手与右脚同时向前的配合也具有同样能够使腰部转动的作用。可以说，腰部是发力的核心，只有充分利用了腰部的转动发力，才能使攻击力最大化。最后，在腰部转动发力作用下，狠狠劈向对手，造成对手陷入实战的劣势境地。(图3-35)

图 3-35

因此，弓步劈刀是本套路中最富有攻击性的动作。由于劈刀的发力较为猛烈，所以在无对手的自身练习情况下，刀刃在前劈之后需顺势继续缓冲至左手腋下，避免误伤自己的腿部。为防止左手腋下受伤，上半身躯干也要持续向左旋转，重心往弓步前腿倾斜（弓步需稳健规范，才能保持躯干在重心倾斜的情况下稳固不倒），将惯性和力度完全化解，起到保护自身的作用。

裹脑丁步按刀是为防止受到对手奋起反击而创编的防守动作。在弓步劈刀的动作基础上，首先右脚退步，同时向上撩刀至右肩后部，刀背贴身。其攻防含义在于抵挡住对手的持械反击，如若对手当时未形成反击动作，其动作还可以通过撩刀自下而上地发力，向对手施以第二次攻击。然后，刀背瞬时贴身绕背而行，成裹脑之势。其动作攻防含义在于：若后方存在其他对手的攻击，可利用刀身绕背而行抵挡来自后方的攻击；若前方对手趁我方裹脑刀背在后之时，对我方进行前刺或上撩等持械攻击，我放在裹脑之后可快速丁步按刀。将刀身按于腹前的同时，也可把来犯的器械自上而下地挡开，并通过上半身含胸拔背的配合，缩小自身的暴露面积，起到双重防守的作用，也更方便能够轻巧灵快地做出下一个动作。

提膝架刀是在裹脑按刀的基础之上在原地提左膝独立,成头顶架刀之势。因对手被我方使用裹脑按刀而将其进攻区域强行转移到了我方下半身(如果对手准备再起手攻击我方上半身,会花费更多时间,则就会露出破绽,并给我方提供更充裕的反击时间)。对手在不得不顺势攻击我方下半身的情况下,我方瞬间提膝架刀,重心上移躲闪对方攻击,并在膝盖向上顶出的动作基础上,防止对手近身攻击与保护腰腹部受到攻击。如遇对手站立从上往下向我方劈刀攻击,我方还可以以右手架刀之势抵挡住对方攻击,保护自身头部。(图3-36)

图 3-36

提膝架刀不仅起到了很好的防守躲闪作用,也为下一式动作(反击动作)起到很好的蓄势储力的作用。

以上三式动作包含了上前进攻、退后抵挡、上移躲闪,全身上下每一处部位都无时无刻不在进行运动,很好地锻炼了练习者或运用者的速度、灵敏、协调等身体素质。也因为退后抵挡与上移躲闪的快速配合使我方无懈可击,所以这两个动作是本套路中最灵活的防御动作。

三、弓步撩刀、后插步反撩、马步平劈的实战运用

本节的三式动作是在第二节防守动作基础上向对手发出连续的进攻。首先,由提膝架刀做好充分向前进攻的蓄力准备,在对手还因之前的进攻被我方上移躲闪而身体重心较低的情况下,我方左右脚迅速依次上步成右弓步。左手随左脚的上步向前自下而上抡臂引出右手并使之更好地发力,右手随右脚

图 3-37

的上步及腰部的左转带动充分发挥出向前撩刀之力,使对手还没来得及后退就受到攻击,无法抵挡。弓步撩刀时的躯干与弓步劈刀时一样,身体向前倾斜,也同样做到弓步的稳健,使人体保持重心平衡。(图3-37)

在弓步撩刀之后顺接后插步反撩,是向对手进行二次攻击的动作。身体向左微微转动直到面对后方对手,可使身体做到出手协调、抡臂顺达。右手继续控制刀刃,使之按逆时针方向绕过身体正前方,向后方对手(因为身体已经转向弓步撩刀时的后方,故此后方对手就是弓步撩刀时的前方对手)进行攻击。(图3-38)

图 3-38

在刀刃随右手抡臂按逆时针方向旋转90度（刀尖朝上）时，左右两手臂均已弯曲收回胸前，是为了能让插步反撩的动作通过手臂由屈到伸发出最大劲力。也就是说，当刀尖运行到朝上时，余下的270度旋转都是通过手臂由屈到伸发力而形成的。所以，右手反撩动作的发力也是通过肌肉收缩、蓄力发力、加大惯性的三大动作发力原理而进行攻击。左手的向上摆掌看似无关紧要，无攻击也无防守作用，但因步法是向后插步，不像弓步一样双脚踩实地面起到稳定作用，而且躯干是向前略倾斜，再加上右手臂需发出劲力，如果没有左手的定点发力向上摆掌来维持身体上下前后左右的平衡，我方必定会因以上三个原因而失去重心，向身体左方或前方倾倒。就如走钢丝的杂技演员总会把双臂伸出来维持身体左右的平衡，如果未充分且准确利用两臂中的任何一只，必将出现动作失误，跌下钢丝。插步反撩的左右手运用原理亦是如此，所以，在前文中提到的"只有左右手的相互配合，才能使整个动作运行顺遂协调，劲力顺达通畅"的基础之上，通过插步反撩的学习与实战，还能体会到左手与右手的配合具有平衡、稳定身体重心的作用。

马步平劈是在插步反撩之后腰部又微微向右回转，右脚向右侧跨出成马步。在右脚跨出的同时，左手向内穿掌并按顺时针方向运行至头顶成亮掌之势，右手持刀手臂微屈并按顺时针方向从面前360度平劈于身体右侧。其动作的攻防含义在于：两手的交叉画圆抡臂，可使右手持刀更协调顺畅地劈向对手大腿及躯干部位，从而达到第三次攻击的目的。侧对对手的身体，配合马步的扎实稳固，从而将我方身上的可被攻击面积缩小，不留给对手反击的破绽。（图3-39）

图 3-39

以上三式动作，均是不留余地向前发出进攻，三式动作分别都需在最短时间内顺势随全身之劲和精巧之劲迸发来进攻对手，因此具有明显的爆发性。其爆发性就像火药一般在瞬间爆炸产生巨大能量，给人一种酣畅的快感，由其动作戛然而止所产生的强大惯性力，形成了动静疾徐、无坚不摧的攻击形式。在此基础之上，三式动作的手上运动形式均是由"画圆"形成的攻击，充分蕴含了我国传统武术文化的技击哲学。圆是曲线中最圆润、活跃、灵巧而且千变万化的线，现在我们将其特点充分运用在武术套路的演练及实战中，可达到完美制胜的目的。

四、缠头蹬腿、弓步斩刀的实战运用

缠头蹬腿与弓步斩刀这两个动作的衔接配合，是通过防守，攻击并拉开与对手的距离再向前进攻。首先，在马步平劈的基础上缠头带动身体左转，可对身后的对手进行攻击（详见本章第三节缠头裹脑的实战运用），而且在刀身贴后背运行时，可抵挡右侧方对手的攻击,此动作可谓左右攻防皆兼顾。在缠头后,立即上右腿朝前方蹬腿。蹬腿动作由于其运行方式是由屈到伸,且通常人们的腿部力量大于手臂力量,所以可产生较大力度。此力度不仅可以使对手感受到巨大的疼痛感,而且可将在较长距离处将对手击退,拉开双方距离,为我方接下来进行的爆发性进攻创造蓄力时机和拉长惯性距离。(图3-40)

图 3-40

在缠头蹬腿之后,右脚落地瞬时接上转身裹脑并平斩而出,此动作为连续上步进攻动作。在与对手拉开距离后,我方需抓住对手因受击暂无反击之势的绝佳时机,利用转身裹脑动作使刀身随身体旋转,加大其出击惯性,从而给予对手更重的攻击。在转身裹脑时,利用左手的展臂与收臂配合右手裹脑,可以极大地稳固自身旋转时的重心,可避免因上步旋转而导致找不到最后发力点以及身体向左右倾斜的失误。最后,在落地生根的弓步基础上,向对手斩刀发力。(图3-41)

图 3-41

斩刀与扫刀具有相同的运行路线,但最本质的区别就在于扫刀是一个持续性发力的动作,而斩刀是一个定点性发力的动作。平时我们在浏览手机相册时,每次手指向左或向右滑动图片的动作就与扫刀类似,其力作用于屏幕上整条被手指划过的"线";平时我们在菜板上切菜的动作就如斩刀一般,其力是作用于蔬菜以及菜板上,而并没有作用于某条"线"。在实战中,扫刀可对对手身体的某一区域造成伤害,其伤害只伤及对手皮肤外层或内层部分;而斩刀则是对对手身体的某一个点造成伤害,其伤害可穿透对手皮肤直至对手骨骼。因此,在本套路的创编中,将弓步斩刀作为制胜之绝招编排进本套路的最后一式。

本刀术套路以个人演练或双人实战练习为手段,以提升实战能力与意识、强身健体、传承我国传统刀术文化、培养"美"的认知为主要目标,以表演精彩、俊美、飘逸、潇洒为次要目标,把富有攻防技击意义的每一式、每一细节创编结合,给予其新的生命力,使其在武术实战与健身中发出更耀眼的光芒。

第四章　太极拳

太极拳在中国武术中占据着一席重要位置。它是一种以阴阳太极理论为指导，结合了古代导引吐纳之术，以缓慢、轻柔、重意练内为主的一个武术拳种，是我国传统文化的瑰宝，至今已有三百多年的历史了。如今，太极拳在世界各地广为流传，不同肤色的人们也逐渐喜欢上了这项有中华民族独特烙印的运动。武术源于中国，属于世界。太极拳作为武术中的优秀拳种之一，肩负着弘扬中华文化的重任，其中蕴含的文化价值、经济价值、健身价值等是不可估量的。

第一节　太极拳概述与运动特点

一、太极拳介绍

太极拳是一种以阴阳太极理论为指导，应用了经络学说，吸收了各家拳法长处，结合了古代导引吐纳之术，以柔和、缓慢、重意练内为主要修炼途径，以锻炼完整身型（法）下整体的劲力为基本目的，具有多重功能，追求以柔克刚，循环往复等哲理的武术拳种。

（一）太极拳的思想

"易有太极，是生两仪。""太极"这一词最早出现在《周易·系辞传》中。所谓太极，即是阐明宇宙从无极而太极，以至万物化生的过程，太极就是在天地未开、混沌未分、阴阳之前的状态。由太极一分为二，便是两仪，通常指阴与阳。阴阳体现在我们生活的方方面面，如男女、天地、升降、动静，在太极拳中，阴与阳是对立统一的[1]。练习太极拳时，要分阴阳、分虚实、分急缓，但在有两个对立面的同时，又要考虑到这两面的协调统一组成一个和谐的整体。就与大家所常见的阴阳太极图一样，黑白两部分相互对立却又相互融合，虽然这是一个看似很模糊的概念，但如果细细思考，同学们就会感受到太极拳的独特魅力。

（二）太极拳的起源与发展

1842年，一位习练太极拳的武师杨露禅到北京与人比武大获全胜，从此名声大噪，使天下人皆知杨露禅。在杨露禅成名的同时，也让世人知晓了太极拳，太极拳从仅在草根阶层的传习走向社会各个层面，迎来了太极拳发展的良好时机。中华人民共和

---

[1] 刘海忠.阴阳学说在太极拳中的应用[J].搏击（武术科学），2015，12（01）：30-32.

国成立后,为了广泛推广太极拳运动,太极拳发展逐步走向了规范化的道路。原国家体委为了推广太极拳,将太极拳中的陈氏、杨氏、吴氏、武氏、孙氏确定为主流门派,并统一编成太极拳套路进行推广[①]。陈氏太极拳的拳势动作,均螺旋进退,称缠丝劲;杨式太极拳柔和缓慢、舒展大方、速度缓匀、刚柔内含、深藏不露、轻沉兼有;吴式太极拳轻静柔化、紧凑舒伸、川字步形、斜中寓正;武式太极拳姿势紧凑,左右手各管半边,不相逾越,出手不过足尖;孙氏太极拳进步必跟、退步必随、动作敏捷、圆活紧凑,每左右转身以开合动作相接。

二、太极拳的运动特点

(一)中正安舒

在太极拳的练习中,最重要的一点就是要"中正安舒"。"中正"就是身架保持端正、重心恰当,让人保持在一个舒服的位置。"安舒"就是心安体舒,松静自然。练拳所要求的"中正安舒",主要讲的是身形,行拳走架最基础的也是身形,没有正确的身形也就练不出正确的太极拳。所以在初练太极拳时,身形的前俯后仰、顶胯凸臀、拱肩驼背、低头猫腰,就是在中正上出现了问题。

(二)用意不用力

太极拳与其他拳种的最大区别就在于它是一种用意不用力、重意不重形、以意念支配身体的运动。在太极拳运动中,如果无意识地进行习练,做起动作来就显得呆滞、不连贯,表现不出太极拳动作如行云流水、连绵不断的神韵。所以在练习时,必须加强意识的支配和引导,并且通过呼吸对机体内在的调节,使练习者达到意领气催、意到气到、气到劲到,这样做的动作才能沉稳,久练之后才能收敛入骨。

(三)体松心静

"松"就是体松,要求身体上下全身肌肉关节都要节节放松,不能僵硬、紧张,而且精神上也要松。"静"就是安静,要求心里安静,专一练功,不能心猿意马。在这里"松"和"静"会相互促进,松能促进静,静了也更利于放松。此外,"体松"就是在练习太极拳的过程中,既要保证姿势正确,又要保持全身肌肉、关节、韧带和内脏都处于自然、舒展和尽可能放松的状态。只有达到姿势正确又尽量放松的双重要求,才会使这种体松、轻柔不至于松懈疲怠。

(四)刚柔相济

刚与柔是对立的,但在太极拳中,刚与柔可以相互转化与融合。太极拳是快慢相间、刚柔相济的拳术,但为什么太极拳的练习方法主要以慢、柔为主?所谓:"极柔软,

①刘志华,巩森森,姜娟.建国70年以来我国太极拳发展探略[J].辽宁体育科技,2019,41(06):83-87.

然后极坚刚。"就像我们生活中所看见的水一样,少许的水也许做不了什么,但是如果无数的水汇聚起来,就会引发我们人类所抵挡不了的灾难。所以,"上善若水,水利万物而不争。"太极拳就如"水"一样,不争不抢,但若有敌来犯,则能汇聚成无穷的力量。

|且行且思|❓

(一)寻师访友

选择太极拳五大派系中的一个,对其派系的起源、发展、代表人物进行深入了解,有条件的可以去拜访重庆市太极名师。

(二)慧眼如炬

根据本节知识内容,判断公园里练太极的人练的是哪个派系的动作,用本节所学知识,尝试跟习练者交流太极知识。

第二节　八式太极拳完整套路解析

八式太极拳也叫一段拳,是中国武术段位制初段位技术规定教程的一段太极拳动作,圆活连贯,由简至繁。以连续弓步为主要步型变化,手法动作以中国传统太极拳的正手即掤、捋、挤、按为主线变化而成。

预备式:

身体自然直立,两脚并拢,头颈正直,下颌内收,胸腹放松,肩臂松垂,两手轻贴于大腿外侧;精神集中,眼向前平视,呼吸保持自然。(图4-1)

图 4-1

一、起势

(一)动作要点

左脚向左轻轻分开半步,与肩同宽,脚尖向前。两手慢慢向前平举,手心向下,与肩同高,两臂横向距离约同肩宽,肘微下坠。上体保持正直,两腿缓慢屈膝半蹲,同时两掌轻轻下按,落至腹前,手心向下,掌膝相对。(图4-2至图4-4)

图 4-2　　　　　　　　图 4-3　　　　　　　　图 4-4

（二）要点解析

沉肩、坠肘，松腰屈膝，臀部不可凸出，身体重心落于两腿中间；手指自然微屈，两臂下落要与身体的下蹲动作协调一致[①]。

二、卷肱势

（一）动作要点

1.身体重心微向左移，上体右转，同时右臂外旋，右手向右后上方划弧平举，臂微屈，手心斜向上，高与耳平；左臂亦外旋，左手手心向上举于胸前，手指向前。眼看右手(图4-5)。

图 4-5　　　　　　　图 4-6

2.上体左转，身体重心移至两腿之间，同时右臂屈肘折向前，右手由耳侧向前推出，掌心向前，手指向上，高与鼻平；左臂屈肘回收至左肋外侧，手心向上。眼看右手(图4-6)。

3.身体重心微向右移，上体左转，同时右臂外旋，右手翻掌，手心向上；左手随转体向左后上方划弧平举，臂微屈，手心向上，高与耳平。眼看左手(图4-7)。

4.与图4-6姿势相同，只是左右相反。(图4-8)

图 4-7　　　　　　　图 4-8

（二）要点解析

腰、胯松沉，上体保持自然中正；两手随上体转动领沿弧线运动，一手前推和一手回收的速度要均匀一致，避免僵硬。

---

① 蔡仲林,周之华.武术[M].北京:高等教育出版社,2015.6

三、搂膝拗步

(一)动作要点

1. 身体重心移至右腿,体微左转,左脚收至右脚内侧,脚尖点地;同时右手向右后上方划弧至右肩外侧,手与耳同高,手心斜向上;左臂屈肘,左手向右下划弧至右胸前,手心斜向下;眼看右手(图4-9)。

2. 左脚向左前方迈出一步,上体左转,重心前移成左弓步,同时左掌向下经左膝前搂过,按于左胯旁,指尖向前,手心向下;右手屈收,经耳侧向前推出,掌心向前,手指向上,高与鼻平;眼看右掌指。(图4-10、图4-11)

图 4-9

图 4-10

图 4-11

3. 右腿慢慢屈膝,上体后坐,身体重心移至右腿,左脚尖翘起;然后身体右转,左脚尖内扣,身体重心再移至左腿,右脚随上体右转收至左脚内侧,脚尖点地;同时左手向外翻掌,由下向左后上方划弧至左肩外侧,肘微屈,左手与耳高,手心斜向上;右手向左、向内划弧停于左胸前,手心斜向下;眼看左手。(图4-12、图4-13)

图 4-12

图 4-13

4. 与图4-10与图4-11相同,只是左右相反。(图4-14、图4-15)

图 4-14

图 4-15

(二)要点解析

身体重心转换时,两腿要虚实分明,左右转体动作应以腰为轴,上体保持自然中正;弓步推掌时,身体不可前俯后仰,要沉肩坠肘,坐腕舒指,同时与松腰、弓腿上下协调一致;弓步时,后腿要自然伸直,后脚跟应以脚掌为轴作后蹬调整,使前后脚的夹角在45度上,两脚跟横向距离在30厘米左右。

四、野马分鬃

(一)动作要点

1.左腿慢慢屈膝,上体后坐,身体重心移至左腿,右脚尖翘起;然后身体左转,右脚尖内扣,身体重心再移至右腿,左脚随上体左转收至右脚内侧,脚尖点地;同时右手向上、向左划弧,屈臂平举于胸前;左臂外旋,左手向左、向下划弧收于腹前,使两掌手心上下相对成抱球状。眼看右手。(图4-16、图4-17)

图 4-16

图 4-17

2.左脚向左前方迈出一步,上体左转,重心前移成左弓步;同时左右手随转体慢慢分别向左上右下分开;左手高与眼平,手心斜向上,肘微屈,右手落于右胯旁,肘也微屈,手心向下,指尖向前。(图4-18、图4-19)

图 4-18

图 4-19

3.上体慢慢后坐,身体重心移至右腿,左脚尖翘起;然后,上体右转,左脚尖内扣,身体重心再移至左腿,右脚随上体右转收至左脚内侧,脚尖点地;同时右臂内旋,左手向右上划弧屈臂平举于胸前,使两掌手心上下相对成抱球状。(图4-20、图4-21)

图4-20

图4-21

4.与图4-18与图4-19相同,只是手势左右相反。(图4-22、图4-23)

图 4-22

图 4-23

(二)要点解析

上体不可前俯后仰,胸部必须宽松舒展;两臂分开时要保持弧形;身体转动时要以腰为轴,弓步动作与分手的速度要均匀一致,弓步两脚跟横向距离应保持在10～30厘米。

五、云手

(一)动作要点

1.腰胯松沉,重心微向后移,右手向内翻掌,手心向下,左手向外翻掌,向前上伸于右臂内侧,手心向上;然后上体左转,左脚尖外摆,右脚尖随之内扣,重心移至左腿,右脚收至左脚内侧,成小开立步;同时随身体左

图4-24

图4-25

转,左手向上,向左经脸前立圆云转,至身体左侧时,向外翻掌成平举;右手向下、向左经腹前立圆云转至左肩前,手心斜向内。眼看左手。(图4-24、图4-25)

2.上体右转,重心移至右腿,左脚向左侧横跨一步,脚尖向前;同时随身体右转,右手经脸前向右立圆云转,至身体右侧时,向外翻掌成平举;左手向下经腹前向右立圆云转至右肩前,手心斜向内。眼看右手。(图4-26)

3.上体左转,重心移至左腿,两脚均向前,成左弓步;同时左手经脸前向左立圆云转,至身体左侧时,向外翻掌成平举;右手向下经腹前向左立圆云转至左肩前,手心斜向内。眼看左手。(图4-27)

4.上体左转,重心移至右腿,左脚收至右脚内侧,成小开立步;同时右手经脸前向右立圆云转,至身体右侧时,向外翻掌成平举;左手向下经腹前向右立圆云转至右肩前,手心斜向内。眼看右手。(图4-28)

5.上体左转,重心移至左腿,右脚向右侧横跨一步,脚尖向前;同时随身体左转,左手经脸前向左立圆云转,至身体左侧时,向外翻掌成平举;右手向下经腹前向左立圆云转至左肩前,手心斜向内。眼看左手。(图4-29)

6.上体右转,重心移至右腿,两脚尖均向前,成右弓步;同时右手经脸前向右立圆云转,至身体右侧时,向外翻掌成平举;左手向下经腹前向右立圆云转至右肩前,手心斜向内。眼看右手。(图4-30)

图 4-26   图 4-27   图 4-28

图 4-29   图 4-30

(二)要点解析

身体转动要以腰脊为轴,松腰、松胯,不可忽高忽低或左右摇摆;两臂随腰的转动而运转,要自然圆活,速度缓慢均匀;下肢移动时,身体重心要稳定,两脚掌先着地再踏实,脚尖向前;视线要随左右手而移动;小开立步时,两脚间的横向距离应保持在10~20厘米。

六、金鸡独立

(一)动作要点

1.上体左转,身体重心移至左腿;同时左手向内翻掌,随身体左转向左划弧至身体左侧,手心向下,指尖向前;右手屈肘下落于右腿外侧,手心向下,指尖向前。(图4-31)

2.左腿蹬地,身体立起,右腿随即屈膝提起,成左独立势;同时右掌向前上屈臂挑起,立于右腿上方,肘与膝相对,手心向左,指尖向上,高与鼻平;左手向左下划弧至左胯旁,指尖向前。眼看右手。(图4-32)

3.右脚下落,重心移至右腿,随即左腿屈膝上提成右独立式;同时左掌由下向前、向上挑起,立于左腿上方,肘与膝相对,手心向右,指尖向上,高与鼻平;右手向下划弧落于右胯旁,手心向下。眼看左手。(图4-33、图4-34)

图 4-31

图 4-32

图 4-33

图 4-34

(二)要点解析

两手一挑一按要与提膝动作协调一致;独立腿要稍微弯曲,上体要正直,力求平衡稳定。

七、蹬脚

(一)动作要点

1.左脚下落,身体重心移至左腿,右脚收于左脚内侧;同时左手向下,右手向上划弧于腹前交叉,右臂在下,两掌手心均向内。眼看左手(图4-35)。

2.左腿微屈站稳,右膝提起,两手上举合抱于胸前,然后右脚向右前方慢慢蹬出,脚尖回勾,力在脚跟;同时两掌向右前和左后方划弧撑开,肘部微屈,腕与肩平,右臂、右腿上下相对。眼看右掌(图4-36、图4-37)。

3.右脚下落,身体重心移至右腿;同时两臂下落,两手于腹前交叉,左臂在下,两掌心均向内。眼看右手。(图4-38)

4.与图4-36至图4-37相同,只是左右相反。(图4-39、图4-40)

图 4-35

图 4-36

图 4-37

图 4-38

图 4-39

图 4-40

(二)要点解析

身体要稳定,不可前俯后仰;两手分开时,腕部与肩齐平;蹬脚时,支撑腿微屈,分手和蹬脚动作协调一致。

八、揽雀尾

(一)动作要点

1.左脚下落,身体重心移至左腿,右脚收于左脚内侧,脚尖点地,上体微向右转;同

时左手向右弧形平摆,屈肘平举于胸前;右手向下、向内划弧收于左肋前,两掌心上下相对成抱球状。眼看左手。(图4-41)

2.上体右转,右脚向前方迈出,左腿自然蹬直,右腿屈膝前弓,成右弓步;同时右臂向右前上方掤出,臂平屈成弓形,高与肩平,手心向内;左手向左下落于左胯旁,手心向下,指尖向前。眼看右前臂。(图4-42、图4-43)

图 4-41　　　　　　　图 4-42　　　　　　　图 4-43

3.身体微向右转,右手随即前身翻掌向下;左手翻掌向上,经腹前向上、向前伸至右前臂下方,然后上体左转,重心移至左腿;同时两手下将,经腹前向左后上方划弧,直至左手手心向上,高与肩平;右臂平屈于左胸前,手心向内。眼看左手。(图4-44至图4-46)

图 4-44　　　　　　　图 4-45　　　　　　　图 4-46

4.上体微向右转,左臂屈肘折回,左手附于右手腕内侧,上体继续向右转,左腿自然蹬直,右腿屈膝前弓,成右弓步;同时双手向前慢慢挤出,右手心向内,左手心向前,右前臂呈半圆形。眼看右手腕部。(图4-47、图4-48)

图 4-47　　　　　　　图 4-48

5.右手翻掌,手心向下,左手经右腕上方向前、向左伸出,高与右手齐,手心向下,两手左右分开,宽与肩同;然后左腿屈膝,上体慢慢后坐,身体重心移至左腿;同时两手屈肘经胸前回收至腹前,手心均向前下方。眼向前平视。(图4-49至图4-51)

图 4-49　　　　　　　　　图 4-50　　　　　　　　　图 4-51

6.上势不停,身体重心慢慢前移,右腿前弓成右弓步;同时两手向前、向上按出,掌心向前,指尖向上。眼平视前方。(图4-52)

7.左腿屈膝,上体慢慢后坐,身体重心移至左腿,右脚尖翘起,然后身体左转,右脚尖内扣,身体重心再移至右腿,左脚随上体左转收至右脚内侧,脚尖点地;同时右脚向左,屈臂平举于胸前;左手向左划弧至左侧,再向下、向右划弧至右肋前,使两掌心上下相对呈抱球状。眼看右手。(图4-53、图4-54)

图 4-52　　　　　　　　　图 4-53　　　　　　　　　图 4-54

8.同右揽雀尾,只是左右相反。(图4-55、图4-65)

图 4-55　　　　　　　　　图 4-56　　　　　　　　　图 4-57

图 4-58

图 4-59

图 4-60

图 4-61

图 4-62

图 4-63

图 4-64

图 4-65

(二)要点解析

掤出时,两臂前后均保持弧形,分手、松腰、弓腿三者必须协调一致;弓步时,两脚跟横向距离不超过10厘米。下挒时,上体不可后仰或前倾,臀部不要凸出;两臂下挒时,须随腰旋转,两手沿弧线运动,右脚前脚掌着地。向前挤时,上体要正直,挤的动作要与松腰、弓腿协调一致。向前按时,两手须走曲线,两手腕部与肩平、两肘微屈。

九、十字手

(一)动作要点

1.左腿屈膝,上体后坐,身体重心移至右腿,然后左脚尖内扣,向右转体;右手随转体向右平摆划弧,与左手成两臂侧平举,掌心向前,肘部微屈;同时右脚尖随转体动作

稍向外摆,成右侧弓步。眼看右手。(图4-66)

2.身体重心慢慢移至中心,右脚尖里扣,随即向左收回,两腿逐渐蹬直,成开立步;同时两手向下经腹前向上划弧交叉合抱于胸前,两臂撑圆,腕高与肩平,右手在外,成十字手,两手心均向内,随后两手向外翻掌。眼看前方。(图4-67、图4-68)

图 4-66

图 4-67

图 4-68

(二)要点解析

两手分开与合抱时,上体不可前俯;站起后,身体自然中正,头要微向上顶,下颌稍向回收;两臂回抱时,须圆满舒适,沉肩坠肘。

十、收势

(一)动作要点

手心向下,两臂慢慢下落,停于身体两侧;然后重心移至右腿,左脚向右脚靠拢,成并立步。眼看前方。(图4-69至图4-71)

图 4-69

图 4-70

图 4-71

(二)要点解析

两臂左右分开下落时,要注意周身放松,气沉丹田。

(一)学而思

为什么太极拳和其他拳种不一样,动作这么柔缓？练习太极拳的动作,思考其中蕴含的阴阳哲学。

(二)家庭私教

认真备课,将本节课八式太极拳的套路教给自己的家人,体验一下教师职业的乐趣。

第三节　太极拳推手

一、太极拳推手介绍

太极拳推手是以太极拳的劲法(掤、捋、挤、按、采、挒、肘、靠)为核心,以拳势为载体,以柔克刚为理念,以听、问、引、化、拿、发为程序,以肢体拈连黏随为形式,用以体会太极拳体用兼备,由术入道的训练形式。

太极拳推手是一种"双人推手的竞技运动",解决了不用护具也可以练习徒手搏击技巧的问题,是我国武术史上一项创造性的成就。在杨露禅、武禹襄、吴鉴泉等众多太极拳大家的不断完善下,逐渐形成了打手—推手—揉手的发展历程。太极拳推手从重视外在的招式到追求内在劲法;从控制关节运动到控制劲路、劲源、劲点;从刚猛武技向柔化武技以及刚柔并济方向发展,不断地由内而外的改善使太极拳推手完成了将人类原始格斗向文明理性回归的文化过程,向世界贡献了一种独特的运动。

二、太极拳推手的运动特点

以弱胜强。武术格斗并不是力量大就一定能取胜的,太极拳推手可以以小打大,以弱胜强。太极拳推手根据人体结构的特点、运动的习惯去寻找对手的薄弱点,巧妙借助对方的力量,为我所用,从而击败对手。

以慢胜快。太极拳推手在战术上,追求以手慢打手快,以后发而制先发。慢与快是相对的,太极拳论中的快与慢,不是绝对意义上的速度概念,更多是发招先后的含义,所以说,太极拳推手的所谓慢主要是战术策略。

以柔克刚。太极拳推手讲究"不丢不顶",即不与对方接触点脱开,不与对方来力做无变化的相较劲,从而实现在双人接触的条件下使用技法,通过感知对方力量的大小、方向的变化,引逗对方刚猛使力,以较小的劲使对方失重从而制胜。

三、太极拳推手的基本动作与实战

传统太极拳推手方法有单推手、双推手、四正手、四隅手。一般初学太极推手时先从单手按化、捋化粘黏推手法等进行练习，学习过程由易到难，由简到繁。练习时，动作要求圆活，两臂切勿僵硬，其总体要求是能化能发，化劲松静，放劲干脆。[①]

（一）基本动作

1.平圆单推手

动作要点：

（1）预备姿势。

甲乙两人两臂自然垂于身体两侧，面对面并步站立，两人间隔距离以双臂握拳前平举为准（图4-72）。甲乙两人左脚各左转50度左右，右脚向前迈出一步，两脚内侧相对，两人右脚间距约1~20厘米。然后双方右臂前伸右手背手腕交叉相搭，左手掌按于身体左大腿外侧，两腿微屈，重心落于两腿之间，呈右掤搭手。（图4-73）

图 4-72

图 4-73

（2）单搭平圆推手（掤手）方法。

甲右掌内旋贴乙前臂向乙胸前推掌，同时重心前移右腿前弓；乙趁甲来劲重心后移松腰坐胯（图4-74），乙用掤劲粘黏甲右腕上体随之向右、后转动引带，使甲掌不触胸部而空落。（图4-75）

乙右掌内旋贴甲前臂向甲胸前推掌，同时重心前移右腿前弓；甲趁乙来劲重心后移松腰坐胯（图4-76），甲用掤劲粘黏乙右腕上体随之向右、后转动引带，使乙掌不触胸部而空落。（图4-77）

①武冬.太极拳推手教程[M].北京:北京体育大学出版社,2015.11.

图 4-74

图 4-75

图 4-76

图 4-77

要点解析：

头部上顶，身体各部位力求做到自然、放松、竖直。搭手后，双方应各含掤劲，既不可过于用力，也不可软弱无力，做到不丢不顶。乙右臂引带时要做到不丢不顶，快速右转身化解甲前推劲。前推掌时，重心不可移之过前，化时应转腰缩胯。重心后移不可后仰，甲乙两手不丢不顶，做到粘连黏随。练习时，可循环往复，也可左右手、左右脚交替练习，双方推手路线呈水平圆。

2. 立圆单推手

动作要点：

（1）预备姿势。

两人呈右掤手，动作同平圆单推手搭手。
（图 4-78）

图 4-78

（2）单搭立圆推手方法。

甲右掌内旋贴乙前臂向乙面部推掌，同时重心前移右腿前弓；乙右臂用掤劲粘黏甲右腕，顺甲来劲上体右转顺势向右上方引带甲来劲，重心后移松腰坐胯（图 4-79），乙右掌内旋贴甲

图 4-79

图 4-80

右前臂向下按甲臂至右胯旁，使甲掌不触及面部而落空（图 4-80）。

乙右掌心贴甲右手臂向甲右肋部推掌,同时重心前移右腿前弓,甲重心后移松腰坐胯(图4-81),甲趁乙来劲上体右转右臂向右侧上引带乙右掌,使乙掌不触肋部而落空,此为立圆推手一圈。(图4-82)

图 4-81

图 4-82

要点解析:

前推时,重心不可移之过前,化劲时应转腰缩胯,重心后移身体不可后仰,甲乙两手不丢不顶做到粘连粘随。练习时,双方推手路线呈个立圆循环往复,左右手和左右腿可交替练习。

3.折叠单推手

动作要点:

(1)预备姿势。

两人呈右掤手,动作同平圆单推手搭手。(图4-83)

(2)折叠单推手方法。

图 4-83

甲右掌内旋贴乙前臂向乙右肋部推掌,同时重心前移右腿前弓;乙右手用掤劲粘连甲右腕顺势右手外翻手背下压甲手腕上,同时重心后移松腰坐胯,乙趁甲来劲上体右转,向右下方引带甲臂,使甲掌不触肋部而落空(图4-84、图4-85)。

图 4-84

图 4-85

乙右手上提至耳侧上方;甲右手贴乙右手腕部随之上提(图4-86)。乙右手内旋翻转掌心贴甲前臂上向甲右肋部前推按掌,同时重心前移右腿前弓;甲重心后移松腰坐胯,上体右转,右手外翻手背下压乙手腕上顺势向右下方引带乙右臂,使乙掌不触肋部而落空。(图4-87)

甲右手上提至耳侧上方;乙右手贴甲右手腕随之上提。(图4-88)

图 4-86

图 4-87

图 4-88

要点解析:

前推时,重心不可移之过前,引化时应转腰缩胯,重心后移时上体不可后仰,两手不丢不顶,做到粘连粘随。练习时,双方推手路线走一个立圆8字路线,左右手和左右腿可交替练习。

4.活步单推手

动作要点:

(1)预备姿势。

两人呈右掤手,动作同平圆单推手搭手。(图4-89)

(2)活步单推手方法。

图 4-89

甲右掌内旋贴乙前臂向乙胸前推掌,同时重心前移右腿前弓;乙趁甲来劲重心后移松腰坐胯(图4-90),乙用掤劲粘黏甲右腕上体随之向右、后转动引带,使甲掌不触胸部而空落。(图4-91)

图 4-90

图 4-91

乙右掌内旋贴甲前臂向甲胸前推掌,同时重心前移右腿前弓;甲趁乙来劲重心后移(图4-92),甲用掤劲粘黏乙右腕上体随之向右、后转动引带,同时提起右脚,呈右提膝独立状,使乙掌不触胸部而空落。(图4-93)

图 4-92

图 4-93

甲右掌内旋贴乙前臂向乙胸前推掌,同时向前上步,上三步后停止,重心前移右腿前弓;乙趁甲来劲,轻提左脚,随甲劲退步,三步后停止。(图4-94至图4-104)

图 4-94

图 4-95

图 4-96

图 4-97

图 4-98

图 4-99

图 4-100

图 4-101

图 4-102

图 4-103

图 4-104

要点解析：

前推进步时，重心不可移之过前，重心后移退步时上体不可后仰，两手不丢不顶，做到粘连粘随。做进步退步时，要注意身体不能有明显倾覆，保持身体直立，进步用脚后跟先着地，退步用脚尖先着地，步伐轻灵，不拖拉。并注意上肢与下肢的协调与配合。

（二）实战技术

1.进步掤手

动作要点。

（1）上步搭手。（图4-105）

说明：本章节动作均以右脚在前的搭手势开始，只说明一侧。同上动搭手势。

图 4-105

（2）左按右掤。

甲左手从乙下侧向外绕划开方右手顺势按住乙右手腕，甲右手臂中点横置在乙右臂腋下成掤式，同时，甲右脚上一小步，踩在乙两脚之间，右臂向上方用力掤出乙。（图4-106至图4-110）

图 4-106

图 4-107

图 4-108

图 4-109

图 4-110

要点解析：

（1）"掤在手臂"，以右手小臂的中点为接触点，身体重心下沉，右臂上掤，反向用劲，保持整体劲。

（2）甲左手划开乙右臂时，右手同时跟进，在此过程中要左右手和上下肢相互配合和协调。

（3）练习时，乙保持好间架，顺势后退，保护好自己。接下来，乙进攻，甲喂手，动作过程不变，循环往复。

2.撤步大捋

动作要点：

（1）上步搭手（图4-111）。

（2）撤步平捋。

接搭手势，甲左手外绕拨开乙右手，左手（或者小臂）顺势夹住乙右小臂肘关节处，右手沿乙右小臂顺势夹住乙右手腕处，同时，甲右脚后撤一步，转腰发力，将乙向后水平方向捋出。（图4-112至图4-114）

图 4-111

实际应用中，当对手双手直接推按胸部时，可以通过胸部柔化，利用右手左手依次绞手外拨，再做平捋。

图 4-112

图 4-113

图 4-114

要点解析：

（1）甲捋时要腰拉，腰转，腰、脚、手协调配合，撤步整体运动形成合力。

（2）甲的右手扣住乙右手腕，左手掌或者小臂要控制乙右手肘关节。

（3）捋时甲两手臂合力夹住对方手臂，以防乙右手旋转逃脱。

3.六封四闭

动作要点：

（1）上步搭手。（图4-115）

图 4-115

（2）封手前按。

甲右手横移至于乙右手腕处，左手顺势按在乙肘关节处，如拳势的如封似闭动作，同时，右脚直接踏踩对方两脚之间，全身合力，直接通过按压乙手臂向其胸部施加压力，若对反抗，则借力再上发，令对手弹跳跌出。（图4-116至图4-118）

图 4-116　　　　　　　　图 4-117　　　　　　　　图 4-118

要点解析：

（1）按不是前推，要区别开。

（2）"按在腰攻"，充分利用身体全身重力下压，再激起对方反抗力，然后顺势借力向上发放。

4.退步双采

动作要点：

（1）上步搭手。（图4-119）

（2）握双臂采。

图 4-119

接搭手势，甲先以掤劲问劲，当对方用力反抗时，甲右臂保持掤劲，左手迅速从对方右臂下，经过内侧向外挂开，并顺势握住乙右手腕；同时，甲以右肘为中心绕乙左臂，向小指一侧逆时针旋转，右手握乙左手腕，双手握住乙两手腕；同时，甲撤右脚，身体迅速下坠，双手紧握乙手腕向下拉动，将乙重心向上、再向下引动，使乙向甲脚下方向倾倒。（图4-120至图4-122）

图 4-120　　　　　　　　图 4-121　　　　　　　　图 4-122

要点解析:

(1)采握对方的过程中,右臂的掤劲须保持住,不可丢。

(2)双手配合要熟练流畅,手臂与右脚撤步要协调一致。

(3)发力下采时,要借力引动,再突然向下用力才能达到理想的效果。

(三)推手游戏

1.随曲就伸

两人面对面并步站立,(以右手为例)
间距以手臂伸直后,两手掌握住为宜。
然后,两人同时撤左腿成右弓步,左手放
置腰胯间或背到身后命门处。两人可以
用拉、引、推、送等方法破坏对方的重心。
(图4-123)

图 4-123

游戏规则:

两人手掌相握不能脱离,双方除了手臂屈伸用力对抗外,不能借用肩靠、头顶等部
位和方法作用于对方。凡使对方出现脚步移动、跳动或倒地,而自己保持稳定,脚步不
动为获胜。

锻炼功能:

主要锻炼腿部肌肉力量及柔韧性,此游戏动作幅度加大,强度增加,体验太极拳的
柔化技术。

2.不偏不倚

两人在单腿支撑的情况下,双手相对,互相推按或拨动
对方的上肢,并保持自身的平衡。谁的触地脚先跳动,或者
提起的脚先落地,则输掉比赛。(图4-124)

游戏规则:

左脚底贴在右膝关节内侧不能掉下。支撑腿可以屈膝
缓冲,也可允许有小范围的移动,但不可出现跳动。手掌可
以推或拨对方躯干及上肢部位,不能撕、拉、抓、打对方身体
其他部位。

图 4-124

锻炼功能:

锻炼腰、腿、踝关节部位的肌肉力量;提高提膝状态下
的平衡能力和柔韧性;练习太极拳独立动作的稳定能力。

3.奇拳怪招

两人一组,可以多组游戏。一人放松站立,同伴搬动其
肢体,随意摆放成太极拳中的典型拳式造型。被摆动的人,
要根据摆动人的意愿控制自己的身体完成相应动作,然后
依次交替轮换。两人之间,或者组间比赛。(图4-125)

图 4-125

游戏规则：

被摆成雕塑的人，要控制身体，必须放松不抗力，就像柔软的细曲别针一样，随意被同伴摆动，完成各种动作造型，按造型难易程度评判胜负。

锻炼功能：

练习身体的协调控制能力；练习形象思维力；提高太极拳动作外形的控制力。

4.我守我疆

两人或多人完成，规定一定直径（通常以一大步，约1米长度）大小的圆，人站在圈内，背靠着背，手臂叠放在腹部或胸前。确保自己站立圈里，用后背挤靠圈内的其他人，使其他人出圈，出圈者被淘汰，直到圈内只剩一人为获胜，完成一局游戏。(图4-126)

图 4-126

游戏规则：

上肢手臂贴紧躯干不能张开，不可用手或肘推、拨、拉、拽、顶、植等。下肢膝关节可以弯曲缓冲，但不可以有提膝、蹬踹等动作。

锻炼功能：

培养自我保护、抵御外侵的意识；增强身体碰撞的对抗能力；练习太极拳推手的挤靠功夫。

|且行且思|??

(一)挑战赛：谁是王者

推手是太极拳的实战形式。两人一组，相对站立，单手相交，比拼较劲，哪一位双脚先移动即判为输。胜者继续挑战，直到决出最后一名"王者"。

分享交流：如何才能赢得比赛？单靠力量或者单靠技巧能否胜出？这给你带来什么生活启示？

(二)佳片鉴赏

本期推荐：《太极张三丰》。本片的武打动作设计精彩、人物刻画突出、充满禅意、与音乐搭配完美，加上天宝器张跋扈的恶，君宝执善憨厚的善，整片看下来荡气回肠，双目湿润。特别是君宝大悟之后的太极拳法，在随缘的音乐声中，刚柔并济，把道家的大道至简，天圆地方，外柔内刚以及无中生有，万法自然的奥妙巧妙地隐藏其中。

《太极张三丰》传递了很多超出电影之外的人生哲理与思考，你是否从中有所感悟？

第五章　擒拿术

第一节　擒拿概述

擒拿术,历史悠久,源远流长,是中华民族千百年来利用智慧在斗争过程中不断实践积累而创造出来的搏击技术。擒拿是针对人体关节、穴位和要害等薄弱部位,依据人体杠杆原理与经络学说,使用反关节的扭转使被擒拿者产生疼痛并失去反抗能力,从而达到擒一处而控制全身的技术。作为中华武术四大技击之一,擒拿术汇集了中华武术的精髓,不仅具有肢体艺术上的美学价值,还具有健身防身、启迪智慧的科学实用价值,深受大众的喜爱,是中华民族宝贵的文化遗产。今天的擒拿术是以人体解剖结构、筋骨活动规律和经络学说为依据,使用刁、拿、锁、扣、扳、点、缠、切、拧、挫、旋、卷、封、闭等招法,以拿敌一部而制敌全身为目的进行擒捕与解脱、控制与反控制的专门技术。解脱是指被对方擒拿或抓住时的挣脱方法,在弱者或女子防身时具有重要作用。

擒拿技术包括控制对手的擒捕技术(俗称擒拿)与反控制对手的解脱技术(也称脱拿)两部分。擒拿技术按人体结构可分为拿骨、拿筋、拿穴三类。

解脱技术是指顺应关节运动的规律和力学原理,改变支点、力点与用力方向,转被动为主动,转不利为有利,破解对手招式的拿法技术。解脱技术可分为三类:滑脱法、踢打法、反拿法三类。

第二节　擒拿完整套路解析

一、擒拿基本手法

(一)基本擒拿手法

在擒拿手法中,诸多的基本方法都是对关节产生擒锁拿制作用,即为反关节动作,或作用于穴位,让人产生生理反应。各关节在过分地伸、屈、拧转时非常容易受伤,能使关节发生上述形变的三种基本方式是折、拧、旋折。折:使对方关节过度屈或伸的手法;拧:使对方关节过度旋转的手法;旋折:使对方的关节同时发生过度旋转和过度屈(伸)的形变手法。

在四种手法作用下关节的形态图如下。

1.指关节

旋折:单手或双手作用在对方的拇指上,使被作用的大拇指外旋并被拉伸,从而造成大拇指掌指关节的剧烈疼痛甚至受伤。(图5-1、图5-2)

图 5-1

图 5-2

2.腕关节

(1)折:在单手或双手和胸部的作用下,使腕关节被过度伸展或前屈,造成剧烈疼痛甚至受伤。(图5-3至图5-6)

图 5-3

图 5-4

图 5-5

图 5-6

(2)旋折:用单手或双手使腕关节过分伸展并内旋,造成腕关节内侧剧烈疼痛甚至受伤。(图5-7、图5-8)

图 5-7

图 5-8

3.肘关节

（1）折：用单手或双手使肘关节过度伸展，造成肘关节剧烈疼痛甚至受伤。（图5-9、图5-10）

图 5-9

图 5-10

（2）旋折：用单手或双手使肘关节内旋并伸展，造成肘关节剧烈疼痛甚至受伤。（图5-11）

4.肩关节

旋折：用双手使肩关节内旋并伸展，造成肩关节剧烈疼痛甚至受伤，见势控制对方。（图5-12）

图 5-11

图 5-12

（二）解脱技术

当被对方抓住手时，运用动作技术化解其进攻手段并顺势抓握对方。其方法有：缠、挑、挫等。

1.缠

（1）动作过程：当被对方抓住时，将手向身体抽回，让小臂做向下、向左、向上顺时针方向的绕环动作，随之手腕继续向右旋转，抓拿对方手腕；或让手臂绕对方手腕做向下、

向右、向上逆时针方向的绕环动作,随之手腕回扣,擒拿对方手腕。(图5-13至图5-18)

图5-13

图5-14

图5-15

图5-16

图5-17

图5-18

（2）动作要点:缠最重要的技术在于小臂用力往回抽,将对方手臂拉直,使能够更成功地用力完成缠绕动作,从而控制对方。

2.挑

（1）动作过程:当对方抓住手腕时,使右手腕外旋,同时沉腕,手掌上撬,并收回小臂,将对方手往我方回拉,然后突然反拿对方腕部。(图5-19至图5-21)

图5-19

图5-20

图5-21

（2）动作要点:手腕外旋,沉腕上撬,反拿要一气呵成,往回拉的动作更有利于优势的转换。

3.挫

（1）动作过程:当被对方抓住手时,右手向下用力伸直并向内旋转,同时另一只手向上抓握对方手腕,使其松手。(图5-22至图5-24)

图5-22

图5-23

图5-24

(2)动作要点:两手同时分别做上下相对运动,使用转腰拧髋的爆发力更有助于挣脱对方的控制。

二、主要擒拿动作及解脱法

(一)擒拿法

1.拧臂别肘(肩)

(1)动作过程:用右手抓握对方左手腕,随即左手穿插并上挑对方右肘内侧,身体左转,右脚上步至对方身后;右手上推对方左手腕使臂屈肘,随后左臂由上向左下方别住对方左臂,左手抓压对方左肩,完成擒拿。(图5-25、图5-26)

图 5-25   图 5-26

(2)动作要点:右手抓对方左腕要紧;上步挑肩、推腕、压肩要迅速连贯。

2.抓肩压肘

(1)动作过程:当对方抓住我方左肩膀时,用右手向左抓压对方手臂,并用手指扣抓对方小指侧,随即身体向右转,用左臂由外向内猛压其肘部,使之疼痛倒地。(图5-27至图5-29)

图 5-27   图 5-28   图 5-29

(2)动作要点:尽量抓握对方小指,因为抓整个手掌可能会导致对方轻松解脱,只有当对方手指产生疼痛并松手后才有机会进行下一步的擒拿。转体、抬肘下压要快速有力,动作要协调连贯。

3.拉腕压肘

(1)动作过程:当我方右手被对方抓握时,左脚向对方右前方上步,弯曲手臂并上抬;右手反抓握对方右手腕并向腹前拉回;身体前倾右转,以左大臂下压对方的右肘。

（图 5-30 至图 5-33）

图 5-30

图 5-31

图 5-32

图 5-33

（2）动作要点：反抓握要有力迅速，要牢固，上步要快，压肘有力。

4.压腕抬肘

（1）动作过程：当我方右手被对方抓握时，左脚向前上半步，屈右肘下垂，右手张开虎口向上，推抓其右手腕；将对方右手向其身后推压；利用左手将对方右手手肘上抬，形成两个相反的力。（图 5-34 至图 5-37）

图 5-34

图 5-35

图 5-36

图 5-37

（2）动作要点：推压手腕与上抬手肘要协调并同时发力。

5.撤步格肘

（1）动作过程：当对方抓住左肩衣领时，右手由胸前扣握住对方右手；右脚向后撤步，并屈左肘上举；身体右转，左小臂向前格挡对方右肘。（图5-38至图5-41）

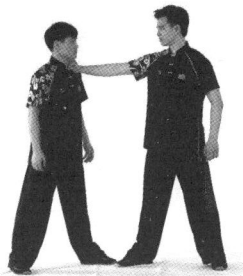

图 5-38

图 5-39

图 5-40

图 5-41

（2）动作要点：扣抓紧，撤步快，向前格挡有力。

（二）解脱法

1.对正面抓发的解脱与反拿

（1）动作过程：当对方从正面抓头发时，用双手用力按压其右手手背，同时用右脚猛力踢打对方裆部；接着右脚向后撤步，俯身勾头弯腰后拉。（图5-42、图5-43）

图 5-42

图 5-43

（2）动作要点：按手背要使对方手腕过度伸拉，致使其疼痛万分，踢裆、勾头、弯腰动作要猛，一气呵成。

2.对侧背后抓发的解脱与反拿

（1）动作过程：当对方从侧后方用右手抓头发时，迅速用右手按压住其手，然后用左

手击打对方裆部后提肘对对方下颌进行攻击。随后身体左转并上顶,使其肘关节上抬,达到反拿控制。(图5-44至图5-48)

图 5-44

图 5-45

图 5-46

图 5-47

图 5-48

(2)动作要点:击裆提肘动作连贯,击打力度要充足,拧腰转身时头与手要结合并用。

3.对胸部衣领被抓的解脱与反拿

(1)动作过程:当胸部衣领被对方抓住时,迅速用双手按压其手腕,同时后撤步向右转体,身体前倾并挺胸前顶,随后用左臂按压其小臂将其控制。(图5-49至图5-52)

图 5-49

图 5-50

图 5-51

图 5-52

(2)动作要点:按压手腕有力,转身压肘时要连贯,可以用身体重心的下移帮助下压。

4.对正面抓肩的解脱与反拿

(1)动作过程:当左肩被对方右手抓住时,迅速用右手按压其手腕处,左手臂上举并扣压在对方右手腕处,用手臂往下猛压,同时降低重心,弯腰,将其制服。(图5-53至图5-56)

图 5-53

图 5-54

图 5-55

图 5-56

(2)动作要点:右手按压对方右手腕时要有力,左手进行辅助按压时,两只手尽量抱牢,靠近身体,尽量用重心的下降来帮助下压对方的手腕。

5.对背后抓肩的解脱与反拿

(1)动作过程:当左肩被对方右手抓住时,用右手按住其手背,向左转身,撤左脚。随后用左臂屈肘由后向前夹紧对方肘关节处,并向上提,用左腿从身后蹬踩其膝关节处,用右掌击打其颈部,完成控制。(图5-57至图5-59)

图 5-57

图 5-58

图 5-59

（2）动作要点：压手夹肩要连贯，踹腿要发力在关节处。

6.对掐喉的解脱与反拿

（1）动作过程：当对方从正面掐住你咽喉时，用左右手从其两手上下交叉插入（右手在上）并分别抓住其左右手腕，随之用腋下夹紧对方右手腕，并使劲下压，左手肘向上顶的同时用右手将对方右手掀开，最后身体右转，撤右步并压肘将其控制。（图5-60至图5-63）

图 5-60

图 5-61

图 5-62

图 5-63

（2）动作要点：惯用手在对方手臂之上，下压时腋下一定要夹紧对方手腕，撤步、转身、下压一气呵成。

| 且行且思 |❓

龙虎之威：实地体验

活动一：参观武警官兵训练实战，感受真正的青春热血；

活动二：与武警官兵代表交流访谈，了解他们的日常训练和工作；敬献鲜花，向奋战在一线的武警官兵致敬。

第六章　运动损伤与防治

第一节　运动损伤概述

一、运动损伤的原因与预防

(一)运动损伤概念

运动损伤是指运动过程中发生的各种损伤。运动损伤的部位与运动特点有关,如篮球运动需要参与者快速奔跑、突然与连续起跳落地等,易导致踝关节、膝关节损伤。

(二)运动损伤的原因与预防

1.思想意识

思想重视不够。运动损伤的发生常与人们对运动损伤预防意义的认识不足及缺乏预防知识有关。要尽量避免思想上的疏忽大意。

学习预防知识,加强安全意识。学习运动损伤的技术和理论,是防止发生运动损伤的基本要求。加强安全意识,克服麻痹大意思想,是防止运动损伤发生的一个重要手段。认真进行体育道德风尚教育,提倡文明、健康的各种形式的体育比赛,也有助于预防运动损伤。

2.准备活动和整理活动

缺乏合理的准备活动。准备活动的目的是增强对运动的适应性,预防运动损伤。人体在进行剧烈运动时,各器官、系统都处在紧张状态。如果没有做好充分的准备活动就立即参加激烈的运动,不仅无法发挥最佳水平,还可能导致如关节扭伤等意外事故。

做好准备活动和整理活动。(1)准备活动,即运动前进行的活动。一般在运动前应慢跑几分钟,让血液加速循环,再伸展一下全身的肌肉和关节,使它们为后面要进行的运动做好准备。可做头部运动、四肢运动、扩胸运动、腰部运动等准备运动,需量力而行。(2)整理活动,整理活动是指在进行激烈的运动或者比赛后所做的缓解放松运动,使人体从运动中的紧张状态过渡至安全状态。整理活动的量不可过大,要逐渐减轻,尽量使肌肉放松,当自己觉得呼吸和心跳已较稳定,其他一些不适感觉消失时就可以了。

3.运动技术

技术动作的错误是初参加运动训练者或者学习新动作时发生损伤的主要原因。例如排球的垫球,如果只用上肢力量垫球或者上肢不动只用下肢力量或者上下肢力量分解不连贯的错误垫击动作垫球,都不会达到良好的垫击效果,易造成损伤。

学习正确的动作方法是运动技术进步的关键。比如垫球技术,在这用力的过程中,伸膝、跟腰、提肩、抬臂、压腕的动作要形成一个协调、连贯的合力来击球。

4.运动负荷

运动负荷(尤其是局部负担)过大。如果运动负荷超过了锻炼者可以承受的生理负担量,容易引起微细损伤的积累而发生劳损。这是专项训练中造成运动损伤的主要原因。

合理安排运动负荷,遵循教学规律。应遵守循序渐进原则、全面训练原则和个别对待原则。如运动量大和运动量小的练习交替安排。

防止局部负担过重。如膝关节半蹲起跳动作过多,易引起髌骨损伤。因此,在锻炼中应避免单调的锻炼方法,防止局部负担过重。

注意间歇时的放松。每次练习间隙应采取积极性放松的方法。许多锻炼群体对这一问题很不重视,往往采取消极性休息的方式,这样做并不能加快疲劳的消除,再练习时还易出现损伤。

加强易伤部位锻炼。运动中肌肉、关节囊、韧带等软组织的损伤较为多见。有意识加强易伤部位的锻炼,对预防运动损伤也具有重要作用。

5.身体功能和心理状态

身体功能和心理状态不良。在患病、受伤或伤病初愈阶段,休息不好,以及疲劳时肌肉力量、动作的准确性和身体的协调性显著下降,警觉性和注意力减退,反应较迟钝等情况下,参加剧烈运动或练习较难的动作,容易发生损伤。

加强医务监督。加强医务管理与监督,提高自我保健意识,结合实际,科学地安排锻炼计划,或者在医生和体育老师的指导下进行体育锻炼。

6.场地、设备和服饰

场地、设备和服饰存在缺陷。如运动场地不平,有小碎石或杂物,跑道太硬或太滑,沙坑未掘松或有小碎石,运动时的服装和鞋袜不符合运动卫生要求,等。

认真检查场地、器材,提高自我保护意识。熟悉运动环境,重视运动器材、场地的安全和卫生,掌握运动器材的正确使用方法,加强对场地器材的维护和检查。另外,不要穿戴不适合运动的鞋子、服装和饰品参加运动。[①]

二、运动损伤的分类

运动损伤的分类方法很多,可按损伤的性质、损伤的表现形式等进行分类。

1.按运动损伤的性质分:急性损伤和慢性损伤

急性损伤是指由于急骤的暴力所引起的损伤。

慢性损伤是临床常见病损。人体对长期、反复的姿势在局部产生的应力会以组织的肥大、增生为代偿,超越代偿能力即形成轻微损伤,经累积而成慢性损伤。

2.按运动损伤的表现形式分:开放性损伤和闭合性损伤

开放性损伤,指受伤部位的肌肉、骨头等与外界相通的损伤,即血液能向外流或肌肉或骨外露的创伤,如擦伤、撕裂伤、切伤、刺伤等。

①亓建洪.运动创伤学[M].北京:人民军医出版社,2008:12.

闭合性损伤是受伤部位的皮肤仍然保持其完整性的损伤,常可伴有脑或胸腹腔器官的损伤。有时在受伤部位虽然可发现损伤,但并无外出血。

| 且行且思 | ❓

小先生讲坛

演讲主题:运动会促进人体健康,但是长时间不合理的运动又会对人体造成伤害。如何科学锻炼? 怎样预防运动损伤? 听你说。

第二节　运动损伤的治疗

一、肌肉、肌腱损伤治疗

1.肌肉痉挛

肌肉痉挛即人们常说的抽筋。多伴有疼痛难忍、抽筋处肌肉僵硬的症状。

此时,应坐在地上,伸直大小腿,将足前掌上跷,休息几分钟即好。若抽筋比较严重,可平躺在地上,将大小腿尽量伸直,再将足背上跷,让同伴协助扳脚,静止不动小许时间,一般可缓解。

2.肌肉拉伤

损伤后会出现炎症反应,水肿多于出血,严重的肌肉撕裂则产生出血,有时还有皮下淤血与出血。

(1)股四头肌肌腱损伤

当患者出现膝关节伸直无力、力量较正常偏小,有外伤史,局部肿胀、疼痛时,可做相应检查,再根据检查结果做出判断。

在炎症急性水肿期,可以适当冰敷,必要时可以口服抗炎药。如果是慢性损伤,则应以休息、热敷、理疗、康复锻炼为主,大部分可通过保守治疗达到很好的效果。

(2)肌肉酸痛

①治疗

肌肉酸痛可由运动、感染性疾病等引起。在运动后数小时到24小时出现的肌肉酸痛,通常持续时间在1~3天左右。

应休息,配合物理治疗,如按摩、热敷,达到促进血液循环、疏通经络的效果,不宜再过度活动。口服维生素C有促进结缔组织中胶原合成的作用,有助于加速受损组织的修复和缓解酸痛。

②拉伸运动

拉伸运动是一种健身方法,拉伸运动可以使韧带与肌肉以及关节与关节之间的配合更加柔和,降低受伤的可能性。

肌肉僵硬带来的结果是锻炼效果下降,甚至有受伤的风险。但训练之前进行伸展运动时也容易受伤,应做慢跑等运动5~10分钟以热身。传统的伸展运动是弯曲身体并保持很长时间,这并非增加柔韧性的最佳选择。

③泡沫轴

可以用一个圆柱形泡沫轴,并借助自身重量来自我按摩和肌筋膜释放,缓解紧张筋膜,促进血液的流动和软组织循环。

二、关节损伤治疗

1.膝部损伤

(1)内、外侧副韧带及前十字韧带损伤

内、外侧副韧带及前十字韧带损伤的患者,受伤后通常在短时间内出现关节肿胀,在以后行走或运动中出现关节不稳感及"打软腿"、膝关节内侧或外侧疼痛(侧副韧带损伤),体格检查时内翻试验、外翻试验阳性,具有开口感,提示内、外侧副韧带的损伤。

单独的内侧副韧带磨损或部分损伤,可通过患肢固定、制动、冰敷等保守治疗恢复。严重的则需进行手术治疗。

(2)半月板损伤

半月板损伤多由膝关节突然猛烈的扭转动作所致。受伤时患者常感到"咯嗒"一声,伤膝立即像有东西卡住了不能动弹,而且非常痛,称"交锁"。经同伴扶起来的时候,又无意中听到"咯嗒"一声,膝关节立刻恢复伸屈,疼痛也随之减轻,称为"开锁"。伤后关节常有肿胀(因关节出血),肿胀消退后可行走,但膝部无力(尤其是在崎岖的路上行走或上楼时),有时会觉得伤膝不稳,好像要跌跤。

半月软骨一旦损伤,经常出现膝关节酸痛、关节"交锁"影响劳动,此时应进行手术治疗。

2.足球踝

足球踝主要表现为与运动有关的踝关节肿胀、疼痛,最常见的症状是跑跳痛和全蹲痛。检查可见踝关节肿胀、压痛、活动受限。绝大部分患者可采取非手术方式进行治疗。

治疗时首先应改进训练消除病因,严格控制引起踝关节疼痛的动作。症状较轻的患者减少踝部损伤动作,使用绷带增加踝关节的稳定性即可。症状较重的患者可进行理疗、按摩或痛点封闭。对保守治疗超过3个月无效、关节内有游离体影响活动或有"被卡"表现的患者,应进行手术治疗。

3.踝关节扭伤

在篮球运动中,跳投、快速上篮、抢篮板球以及跳起后抢、打、断球落地时脚踩在他人脚背上,容易使踝关节过度内翻造成外侧副韧带损伤。伤处明显压痛,外踝处肿胀疼痛明显,且踝关节内翻时外踝部疼痛加剧。

踝关节扭伤后,应制动休息,受伤部位应尽快进行冷敷,以利于毛细血管收缩,减少毛细血管破裂而引起的出血,然后进行石膏或支具固定,并抬高伤肢。如合并有骨折则需手术治疗,以利于早期康复训练。伤后24小时,可改用热敷、红外线、磁疗等,以促进局部血液循环,有利于韧带恢复。

4.肩关节前脱位

症状表现为肩部肿胀、疼痛、功能障碍。由于肱骨头脱离肩关节盂,肩部失去正常钝平滑曲线轮廓,形成"方肩"畸形。患肢轻度外展,并以健手扶持患侧前臂,头向患侧倾,以缓解疼痛。

肩关节脱位的治疗原则是早期复位。复位后处理方法为:上臂置于内收、内旋、屈肘60度位固定,用颈腕吊带或绷带悬吊或固定患肢于胸前,2~3周去除固定,肩关节向各方向逐步活动以防粘连。

5.网球肘

需反复用力活动腕部的职业和生活动作均可导致这种损伤。大多数病人是长期慢性损伤的原因引起,少数是仅一次撞击或牵拉受伤引起。早期时做某一个动作时肘关节外侧疼痛,不活动时疼痛减轻或消失。再做动作时又出现。此后症状逐渐加重,变为持续疼痛,夜间疼痛更加明显。疼痛可向前臂或肘上放射,有时在活动时突然出现并加重,如提物、拧毛巾时突然感觉患部疼痛,不能完成动作。

保守治疗早期即限制肘关节的活动,尤其是伸腕握拳的动作。使用限制性绷带支具可起到一定的作用。中药烫洗或中医按摩、推拿也可以治疗早期的外上髁炎症。但在实际观察中,常有一部分病人于3个月后复发,因此,治疗后的功能康复,生活、训练姿势,以及强度的调控十分重要。保守治疗无效果的,可以手术治疗。

6.髌腱炎

髌腱炎在从事经常需要起跳(如篮球、足球、排球等)的运动员中最为常见。因此,髌腱炎又被叫作"跳跃者膝"。

疼痛是最常见的临床表现。疼痛在活动或运动开始时尤其明显,后来发展到影响运动,或发展到影响日常生活的动作,如爬楼梯或从椅子上起立。体格检查时发现膝部前方压痛明显,有时出现膝不能完全伸直或伸膝力量减弱,或伸膝时有不平滑感,大腿肌肉有时有萎缩。

目前,国内日常自我治疗多采用药物导入热疗仪治疗髌腱炎。在治疗过程中,应嘱咐患者尽可能减少活动量。无论采取哪种方法,髌腱炎的治疗都是一个比较长期的过程。康复可能需要数周或数月。如果损伤比较严重而需要进行手术治疗的话,康复一般至少需要半年的时间。所以,日常的自我康复非常重要,且需要坚持。

三、软组织损伤治疗

1.常见软组织伤的急救处理

（1）软组织损伤概述

皮肤是覆盖人体表面的组织，在运动中很容易受到暴力导致损伤。软组织损伤分为开放伤与闭合伤。开放伤一般为直接暴力所致，主要损伤皮肤或黏膜，如擦伤、撕裂伤、切伤、刺伤等。闭合伤多为间接暴力所致，受伤部位较深。

（2）常见的软组织损伤的急救处理

①擦伤

擦伤通常是皮肤受摩擦所致。例如短跑时摔倒，膝、肘等部位被跑道擦伤，体操运动时手、足被器械擦伤，拳击时面部被拳套擦伤，等。

对小而浅的伤口，无出血或出血量轻微的擦伤，只需给伤口表面消毒，保持伤口干燥。通常浅表的表皮剥脱，一般经1～2周可完全恢复，不遗留瘢痕。对面积大的、有污染的或出血量大且凝血时间长的伤口，除清创包扎外，还要预防感染。

擦伤中最常见的一种是"刺花"，系摔倒时，石、煤、沙屑等刺入皮肤所致，如在面部影响美观，又难以手术治疗。因此，急救处理时必须用硬毛刷将这些小粒刷出，然后包扎。

②撕裂伤、刺伤与切伤

比如短道速滑赛中被冰刀划伤，击剑比赛中被剑刺伤，拳击赛中被击打致眉际撕裂伤等。主要处理方法是早期清创缝合及预防破伤风。若为新伤（一般6~12小时），应先用肥皂水洗刷伤口周围的皮肤，再用生理盐水与双氧水反复冲洗，剪除挫伤、糜烂部分或坏死组织，然后止血、缝合。注意同时检查神经和肌肉损伤。

③挫伤

球鞋、器械的撞击，运动员的互相按摩过度，等，都容易造成挫伤。常见的挫伤部位是大腿与小腿前部，但头、肋、腹部及睾丸等部位也会发生挫伤。挫伤一般都有疼痛（一般持续约24小时）、肿胀及出血等，疼痛程度因人而异。大多数病例在挫伤后，出血逐渐被吸收，皮肤表面有时会出现皮肤瘀斑。

伴有严重休克的挫伤，例如睾丸、腹部挫伤，急救处理的首要步骤是纠正休克，然后将伤员安放在适当位置使之休息。如肿胀严重影响血液循环，应立即送往医院治疗。

且行且思 ？

活动一：前往附近的医院运动损伤保健科参观、体验；

活动二：学习相关运动损伤处理实用技能，帮助家人或同学判断运动损伤的程度；

活动三：与专业医生进行交流采访，了解相关专业学习内容和就业情况。

主要参考文献

[1]鲍振艳.弘扬武术文化 培育民族精神[D].济南:山东师范大学,2006.

[2]陈茂军,金昌钦.从终身体育谈学校体育改革[J].浙江体育科学,1988(z1).

[3]邱丕相.中国武术史[M].北京:高等教育出版社,2008.

[4]王巍.中国古代小说简史[M].沈阳:辽宁教育出版社,2009.

[5]黄卉,刘之杰.简明中国文学史(上册)[M].兰州:兰州大学出版社,2006.

[6]张幼坤.武术一百问[M].南京:江苏科学技术出版社,1989.

[7]周伟良.中国武术史[M].北京:高等教育出版社,2003.

[8]黎明.中国历史名人传奇故事(明朝卷)[M].长春:吉林音像出版社,2005.

[9]吴靖.侠:一种文化人格的历史流变[J].书屋,2012(11).

[10]赵亮.论高校传统武术教学中的武德培养[J].当代体育科技,2012,2(34).

[11]董学光,鲁晓飞,韩星.螳螂拳的演变与发展研究[J].中华武术,2019(11).

[12]甘泉.山东螳螂拳发展研究[D].武汉:华中师范大学,2018.

[13]谢宇,唐文立.中国古代兵器鉴赏[M].北京:华龄出版社,2008.

[14][唐]李林甫,等.唐六典[M].陈仲夫,点校.北京:中华书局,1992.

[15][宋]欧阳修,宋祁.新唐书[M].北京:中华书局,1997.

[16][明]戚继光.练兵实纪[M].北京:中华书局,2001.

[17]刘海忠.阴阳学说在太极拳中的应用[J].搏击(武术科学),2015,12(1).

[18]刘志华,巩森森,姜娟.建国70年以来我国太极拳发展探略[J].辽宁体育科技,2019,41(6).

[19]蔡仲林,周之华.武术[M].北京:高等教育出版社,2015.

[20]武冬.太极拳推手教程[M].北京:北京体育大学出版社,2015.

[21]亓建洪.运动创伤学[M].北京:人民军医出版社,2008.

[22]张峰.武术本质的文化审视[J].北京体育大学学报,2010,33(8).

[23]本书编写组.武术[M].北京:人民体育出版社,1993.

[24]王岗,邱丕相,包磊.重构学校武术教育体系必须强化"拳种意识"[J].体育学刊,2010(4).

[25]旷文楠等.中国武术文化概论[M].成都:四川教育出版社,1990.

[26]张煜.武德的发展与演变[D].北京:北京体育大学,2008.

[27]屈国锋,王羽辰,高嵘.试论武德教育误区[J].体育文化导刊,2015(4).

武术是我国的国术,是中华文明历史长河中的瑰丽明珠。武术不仅有强身健体、防身自卫的功能,在对人意志品质的培养和道德教育方面也发挥着巨大的作用。因此,国家大力推动"武术进校园"项目,在中小学里开设武术课程,以期让更多的青年学子在身体上掌握武术技能、强健体魄,在精神上接受武德教育的熏陶,感受中国传统文化的魅力。《传统武术奠基康勇人生》,为中学开展武术课程提供理论和实践的指导。本教材主要受众人群为中学生,计划为18学时,语言生动简洁,通俗易懂,并且在理论方面增设了武侠电影、武侠小说、武德故事等有趣的章节,能够引起学生的阅读兴趣。本教材涵盖的内容广泛,不仅有理论的讲解,还有武术拳械套路、中学生防身术的详细教学,套路动作加以技击运用的解析,可谓独树一帜,教材还编写了常见的运动损伤和防治手段的内容,对学生如何安全的锻炼身体进行了指导和知识普及。全教材在复杂的动作教学环节配上了相应的图片,并制作了示范视频,便于读者阅读理解和辅助练习。

教材以生涯教育理论为指导,以综合实践活动为主线,主要分为六个部分。第一部分为武术运动概论,以武术理论为主要内容,介绍体育(武术)与生涯教育的关系、武术的历史、影视武术、武侠小说的发展以及武德武礼。第二部分和第三部分分别以象形拳术和刀术为主,且两者内容体系基本一致,都讲解了各自项目概述、基本技法、完整套路解析和技法运用。其中象形拳的套路编排灵感来自于动画电影《功夫熊猫》中"盖世五侠"——虎、鹤、猴、螳螂、蛇这五种动物的形象,整个套路新颖独特,却不失武术的攻防技击性。第四部分以太极拳为主要内容,选取太极拳当中的对抗项目——太极推手的训练方法、技法运用以及推手游戏。第五部分以中学生自卫防身术为主题,介绍了擒拿的拿法与脱法,具有很高的实用价值。第六部分对常见的一些运动损伤和防治的手段进行了介绍。每节都有"且行且思"的实践活动安排和生涯职业引导,通过实践活动,使学生的学习能力、思考能力、社交能力、运动能力、动手能力得到有效提高。

教材是在西南大学附属中学马钊带领下编写的,示范者是西南大学附中武术队毕业的学生,他们现在有的已在高校就职,有的在国内一流名校就读,他们运动成绩突出,曾获全国中学生武术锦标赛的冠军。教材编写组的具体分工如下:第一章分别由西南大学附属中学张涛、重庆工商大学黄龙、宜宾市高县月江镇中心小学钟波、北京体育大学硕士研究生丁光豪、湖南师范大学魏琳晋完成;第二章的第一节、第二节由西南大学附属中学马钊、西南大学附属小学包清宇完成,第三节由重庆人文科技学院谯卜完成;第三章的第一节、第二节由西南大学附属中学马钊、浙江大学王星云完成,第三节由谯卜完成;第四章由北京体育大学秦光影、西南大学银翔实验中学江博完成;第五章由西南大学附属中学张涛、浙江大学李孟杰完成;第六章由贵州职业技术学院(贵州广播电视大学)郭威、成都中医药大学张斑沛完成。图片拍摄、录像、配图由秦光影、郭威完成,教材的统稿、校对工作由马钊、张涛、王一波完成。

书中引用了一些专家、学者的观点,作者已经尽可能标明了出处,如果有遗漏,敬请谅解。由于本教材作者水平有限,在内容上难免会出现一些遗漏或错误,敬请各位专家、学者给予批评和指正。

马钊

2021年2月

后记